战略性新兴产业培育与发展研究丛书

流程制造业培育与发展研究报告

殷瑞钰 等 著

中国工程院咨询课题"流程制造业战略性
新兴产业研究"（2012-ZD-9-15-1）

科学出版社
北 京

内 容 简 介

本书是在中国工程院咨询项目"战略性新兴产业培育与发展战略研究项目"下设"流程制造业战略性新兴产业研究"课题研究基础上完成的。全书共分为七章,包括流程制造业的现状和问题,国内外流程制造业战略性新兴产业发展的历程和经验,各行业重大科技发展需求及流程制造业共性科技需求,对各行业产业升级有直接影响的流程制造业的"颠覆性"的共性-关键技术、工艺和设备,各行业及流程制造业发展战略性新兴产业的目标,实施战略性新兴产业的组织模式、相应的措施和政策建议,主要研究结论。

本书可供流程制造业相关行业的工程技术人员,有关高等院校的教师、研究生,有关设计院的设计人员,研究院的研究人员和某些部门的高级管理人员参考。

图书在版编目(CIP)数据

流程制造业培育与发展研究报告 / 殷瑞钰等著 . —北京:科学出版社,2015

(战略性新兴产业培育与发展研究丛书)

ISBN 978-7-03-043708-2

Ⅰ.①流… Ⅱ.①殷… Ⅲ.①化学工业-工业发展-研究报告-中国 Ⅳ.①F426.7

中国版本图书馆 CIP 数据核字(2015)第 049877 号

责任编辑:马 跃 徐 倩 / 责任校对:周 扬
责任印制:肖 兴 / 封面设计:无极书装

科学出版社 出版

北京东黄城根北街 16 号
邮政编码:100717
http://www.sciencep.com

中国科学院印刷厂 印刷

科学出版社发行 各地新华书店经销

*

2015 年 5 月第 一 版 开本:720×1000 1/16
2015 年 5 月第一次印刷 印张:8 3/4
字数:176 000

定价:65.00 元

(如有印装质量问题,我社负责调换)

战略性新兴产业培育与发展研究丛书

编委会

本书课题综合组成员名单

殷瑞钰　钢铁研究总院 名誉院长 中国工程院院士、课题负责人

王淀佐　北京有色金属研究总院 中国工程院院士

王基铭　中国石化集团公司 中国工程院院士

张寿荣　武汉钢铁集团公司 中国工程院院士

袁晴棠　中国石化集团公司 中国工程院院士

金　涌　清华大学 中国工程院院士

陈克复　华南理工大学 中国工程院院士

孙传尧　北京矿冶研究总院 中国工程院院士

姚　燕　中国建筑材料科学研究总院 教授级高工

张春霞　钢铁研究总院 教授级高工、执笔人

王海风　钢铁研究总院 工程师、执笔人

秦　松　钢铁研究总院 高级工程师

齐渊洪　钢铁研究总院 教授级高工

魏明安　北京有色金属研究总院 教授级高工

刘佩成　中国石化集团公司 教授级高工

胡山鹰　清华大学 教授

赵　平　中国建筑材料科学研究总院 教授级高工

田晓俊　中国轻工业联合会科技发展研究分会 高级工程师

上官方钦　钢铁研究总院 工程师

李桂金　中国建筑材料科学研究总院 工程师

韩伟刚　钢铁研究总院 博士生

马淑杰　清华大学 博士生

姚国成　北京有色金属研究总院 高级工程师

张旭孝　钢铁研究总院 工程师

张文皓　武汉钢铁集团公司 工程师

刘　斌　中国石化集团公司 工程师

丛 书 序

进入 21 世纪，世界范围内新一轮科技革命和产业变革与我国转变经济发展方式实现历史性交汇，新一轮工业革命正在兴起，全球科技进入新的创新密集期，我国进入了经济发展新常态，经济从高速增长转为中高速增长，经济结构不断优化升级，经济从要素驱动、投资驱动转向创新驱动。培育和发展战略性新兴产业是党中央、国务院着眼于应对国际经济格局和国内未来可持续发展而做出的立足当前、着眼长远的重要战略决策。战略性新兴产业是我国未来经济增长、产业转型升级、创新驱动发展的重要着力点。培育发展战略性新兴产业，高起点构建现代产业体系，加快形成新的经济增长点，抢占未来经济和科技制高点对我国经济社会能否真正走上创新驱动、内生增长、持续发展的轨道具有重大的战略意义。党的十八大报告明确指出，推进经济结构战略性调整，加快传统产业转型升级，优化产业结构，促进经济持续健康发展的一个重要举措就是积极推动战略性新兴产业的发展。

"十三五"时期战略性新兴产业面临新的发展机遇，面临的风险和挑战也前所未有。认识战略性新兴产业的发展规律，找准发展方向，对于加快战略性新兴产业培育与发展至关重要。作为国家工程科技界最高咨询性、荣誉性学术机构，发挥好国家工程科技思想库作用，积极主动地参与决策咨询，努力为解决战略性新兴产业培育与发展中的问题提供咨询建议，为国家宏观决策提供科学依据是中国工程院的历史使命。面对我国经济发展方式转变的巨大挑战与机遇，中国工程院积极构建新的战略研究体系，于 2011 年年底启动了"战略性新兴产业培育与发展战略研究项目"，坚持"服务决策、适度超前"原则，在"十二五"战略性新兴产业咨询研究的基础上，从重大技术突破和重大发展需求着手，重视"颠覆性（disruptive）技术"，开展前瞻性、战略性、开放性的研究，对战略性新兴产业进行跟踪、滚动研究。经过两年多的研究，项目深入分析了战略性新兴产业的国内外发展现状与趋势，以及我国在发展战略性新兴产业中存在的问题，提出了我国未来总体发展思路、发展重点及政策措施建议，为"十三五"及更长时期的战略性新兴产业重要发展方向、重点领域、重大项目提供了决策咨询建议，有效地支撑了国家科学决策。此次战略研究在组织体系、管理机制、研究方法等方面进行了探索，并取得了显著成效。

一、创新重大战略研究的组织体系，持续开展战略性新兴产业咨询研究

为了提高我国工程科技发展战略研究水平，为国家工程科技发展提供前瞻性、战略性的咨询意见，以打造一流的思想库研究平台为目标，中国工程院通过体制创新和政策引导，积极与科研机构、企业、高校开展深度合作，建立创新联盟，联合组织重大战略研究，开展咨询活动。此外，中国工程院 2011 年 4 月与清华大学联合成立了"中国工程科技发展战略研究院"，2011 年 12 月与中国航天科技集团公司联合成立了"中国航天工程科技发展战略研究院"，2011 年 12 月与北京航空航天大学联合成立了"中国航空工程科技发展战略研究院"，实现了强强联合，在发挥优势、创新研究模式、汇聚人才方面开展探索。

战略性新兴产业培育与发展研究作为上述研究机构成立后的首批重大咨询项目，拥有以院士为核心、专家为骨干的开放性咨询队伍。相关领域的 110 多位院士、近 200 位专家及青年研究人员组成课题研究团队，分设信息、生物、农业、能源、材料、航天、航空、海洋、环保、智能制造、节能与新能源汽车、流程制造、现代服务业 13 个领域课题组，以及战略性新兴产业创新规律与产业政策课题组和项目综合组，在国家开发银行的大力支持下，持续研究战略性新兴产业培育与发展。

二、创新重大战略研究的管理机制，保障项目的协同推进和综合集成

此次研究涉及十多个领域，为确保领域课题组的协同推进、跨领域问题的统筹协调和交流、研究成果的综合集成，项目研究中探索了重大战略研究的管理机制，建立了跨领域、全局性的重大发展方向、重大问题的领导协商机制，并形成了组织相关部委、行业主管部门、各领域院士和专家进行重点领域、重大方向、重大工程评议的机制。项目组通过工作组例会制度、工作简报制度和定期联络员会议等，建立起项目动态协调机制。该机制加强了项目总体与领域课题组的沟通协调，推动了研究成果的综合集成，确保综合报告达到"源于领域、高于领域"的要求。

三、注重广泛调研及国际交流，充分吸纳产业界意见和国外发展经验

此次研究中，中国工程院领导亲自带队，对广东、重庆等省市战略性新兴产业的培育与发展情况进行了实地调研，考察了主要相关企业的发展情况，组织院士专家与当地政府及企业代表就发展战略性新兴产业过程中的经验及问题进行讨论。项目组召开了"广东省战略性新兴产业发展座谈会"，相关院士、专家及广州、深圳、佛山、东莞政府相关部门和广东省企业代表进行了座谈交流；与英国皇家工程院和中国清华大学共同主办了"中英战略性新兴产业研讨会"，中英相关领域院士、专家学者就生物工程、新能源汽车、先进制造、能源技术等领域开展了深入研讨；组织了"战略性新兴产业培育与发展高层论坛"；在第十五届中国国际高新技术成果交易会期间，与国家发展和改革委员会、科学技术部、工业和信息化部、财政部、清华大学联合主办了"战略性新兴产业报告会"等。

四、创新重大战略研究的方法和基础支撑，提高战略咨询研究的科学性

引入评价指标体系、成熟度方法、技术路线图等量化分析方法与工具，定性与定量相结合是此次战略研究的一大亮点。项目以全球性、引领性、低碳性、成长性、支柱性、社会性作为评价准则，构建了战略性新兴产业评估指标体系，为"十三五"战略性新兴产业重大发展方向、重大项目的选择提供了量化评估标准。产业成熟度理论的研究和应用，为准确把握重大发展方向的技术、制造、产品、市场和产业的发展状态，评估产业发展现状，预测发展趋势提供了科学的评估方法。技术路线图方法的研究与应用，为战略性新兴产业的发展路径选择提供了工具支撑。项目还开展了战略性新兴产业数据库建设工作，建立了战略性新兴产业网站，并建立了战略性新兴产业产品信息、技术信息、市场信息、政策信息等综合信息平台，为进一步深入研究战略性新兴产业培育与发展提供了基础支撑。

"十三五"时期是我国现代化建设进程中非常关键的五年，也是全面建成小康社会的决定性阶段，是经济转型升级、实施创新驱动发展战略、加快推进社会主义现代化的重要时期，也是发展中国特色的新型工业化、信息化、城镇化、农业现代化的关键时期。战略性新兴产业的发展要主动适应经济发展新常态的要求，推动发展方式转变，发挥好市场在资源配置中的决定性作用，做好统筹规划、突出创新驱动、破解能源资源约束、改善生态环境、服务社会民生。

"战略性新兴产业培育与发展研究丛书"及各领域研究报告的出版对新常态

下做好国家和地方战略性新兴产业顶层设计和政策引导、产业发展方向和重点选择,以及企业关键技术选择都具有重要的参考价值。系列报告的出版,既是研究成果的总结,又是新的研究起点,中国工程院将在此基础上持续深入开展战略性新兴产业培育与发展研究,为加快经济发展转型升级提供决策咨询。

序　言

　　流程制造业对保障我国国民经济健康发展做出了重要贡献，但是其目前的发展受到体制的制约，均不同程度地存在产能过剩、淘汰落后任务艰巨、行业集中度偏低等问题；同时，我国流程制造业发展受到资源、能源和环境的严重制约，现有的绿色工艺技术和节能环保技术仍不能解决全部问题，前瞻性技术创新储备不足。一部分高技术含量、高附加值钢铁、有色金属和石化产品仍不能完全满足要求，部分大型关键设备仍依赖进口。

　　纵观钢铁、有色、化工、石化、建材和造纸行业的历史发展进程可以发现，颠覆性新技术的研发和应用，会对全球流程制造业行业技术的提升起到至关重要的作用。世界石化工业在20世纪50年代得到了迅速发展，进入了大规模发展时期，催化裂化技术、乙烯蒸汽裂解技术及聚烯烃齐格勒-纳塔（Ziegler-Natta，Z-N）催化剂等的发明和应用对石化工业的发展产生了重大影响，目前我国已经形成规模庞大的现代工业体系。自20世纪50年代以后，由于氧气转炉炼钢、连续铸造等颠覆性工艺技术的应用，我国钢铁工业发生了根本性变化。自20世纪80年代开始引进国外的煤气化技术至今，我国一批拥有自主知识产权的现代煤化工技术正处于产业化示范之中。有色行业每一次选冶药剂的重大进展都带动了浮选、湿法冶金工艺技术的飞跃和变革，对矿产资源的开发利用产生了巨大的推动作用。微化工技术将对传统化工生产产生重要影响，是具有颠覆性的技术，可形成战略培育型新兴产业。我国自20世纪70年代自主研发并通过引进先进装备不断完善预分解窑水泥新型干法生产工艺发展至今，已掌握了万吨生产线技术，达到国际先进水平。

　　结合国外相关行业发展和我国流程制造业现状，本书提出如下发展方向。

　　（1）流程制造业是直接涉及资源、能源、环保、生态的重要行业，是节能减排的"主力军",是战略性新兴产业中节能环保产业的重要领域。

（2）流程制造业结构调整的重点是绿色化转型，构建集成、多元的产业体系，工业生态园、低碳经济、循环经济是重要的载体和形式。

（3）流程制造业的发展方向是在构建优化的物质流、能量流、信息流的基础上，与智能化、数字化相融合。

（4）作为重要的基础产业，流程制造业将继续存在，其战略性新兴产业具有节能、减排、清洁生产、智能化、绿色化的突出优势。

流程制造业对战略性新兴产业的重大科技需求可以归纳为以下四个方面。

（1）适应新的资源或劣质资源的新工艺。

（2）节能环保技术、绿色发展。

（3）两化融合的智能化、数字化技术，行业高效运行。

（4）构建行业间及与社会的生态链接。

流程制造业不仅要关注各行业的共性-关键技术、工艺和装备（表 0-1、表 0-2），而且要重视行业间及与社会的生态链接的关键技术。

流程制造业发展战略性新兴产业的目标主要包括以下三个。

（1）提出具有自主知识产权、对流程制造业有重大影响的共性-关键技术和装备体系，满足今后 5～10 年流程制造业绿色、低碳转型升级和产品高端化发展的需求。

（2）在流程制造业的行业之间及与社会的生态链接、发展循环经济方面取得重大突破。

（3）涌现出一批具有世界水平的创新团队，使流程制造业战略性新兴产业的综合实力显著增强。

因此，针对流程制造业战略性新兴产业的发展，提出以下政策建议。

（1）发挥政府及行业管理的引导作用，完善科技资源的合理配置机制，制订流程制造业战略性新兴产业培育和创新计划，加强顶层设计与科技战略部署；集中力量突破支撑流程制造业战略性新兴产业发展的共性-关键技术。

（2）增加财政税收政策支持；健全财税金融政策支持体系，加大扶持力度，引导和鼓励社会资金投入；设立战略性新兴产业发展专项资金，建立稳定的财政投入增长机制；制定并完善促进战略性新兴产业发展的税收支持政策；进一步理顺资源型产品的价格体系。

（3）依托骨干企业，围绕关键核心技术的研发和系统集成，支持建设若干具有世界先进水平的工程化平台；发挥转制院所作用，完善科技资源的合理配置机制，推动行业共性-关键技术和战略性新兴产业技术的研发和产业化。

（4）加强创新型人才的培养；建立科研机构、高校和企业之间的人才流动机制。

表 0-1　2020 年前有可能产业化的技术、工艺和装备

行业	劣质资源高效利用工艺技术	节能环保及资源利用	信息化及高效运行	绿色产品开发	行业链接
钢铁	1. 烧结-球团的技术提升 2. 不同条件下烧结-球团的合理比例 3. 焦化技术与冶金煤资源适应性	1. 副产煤气资源化 2. 钢厂能量流网络及能源中心的构建、优化及相关技术的开发	1. 信息化支持下的全流程动态有序运行技术 2. 高效率、低成本洁净钢制造平台技术	能源、动力行业和交通运输行业所需求的关键钢材产品	1. 突破钢厂焦炉煤气制氢与石化行业循环经济生态链的构建、建设沿海钢铁-石化基地循环经济示范（广东湛江、山东日照）工程
有色	1. 低品位共伴生矿产资源高效选冶技术及装备 2. 废弃电器电子产品资源化利用技术	1. 稀土永磁无铁芯电机等电机节能技术 2. 重金属废水污染防治技术 3. 重金属污染治理与土壤修复等成套技术及装备 4. 重金属在线监测等环境监测技术	1. 数字化矿山建设技术 2. 矿业开发过程中新药剂研发的基因组设计技术	1. 高端钨钼材料制备技术 2. 高性能铝合金、镁合金、钛合金制备技术	2. 天津滨海新区南港石化-化工循环生态生态园建设
石化	1. 多产交通运输燃料的重油与劣质原油加工技术 2. 煤的清洁高效化工利用技术	1. 大型炼油厂节能及环境保护技术 2. 大型乙烯装置节能及环保护技术 3. 碳捕捉、利用与封存(carbon capture, utilization and storage, CCUS)技术	1. 利用信息技术建设石化企业生产运营指挥系统和经营管理系统 2. 利用物联网技术开发和建设石化产业物流优化系统	1. 清洁交通运输燃料生产技术 2. 第二代生物柴油技术、生物航空燃料技术、纤维素制乙醇技术和生物丁醇技术 3. 高性能碳纤维、高性能芳纶、高性能超高分子量聚乙烯纤维等	
化工	高硫高灰煤高效利用技术	节能型微萃取技术	1. 激分离技术 2. 微反应技术	1. 新型煤化工产品生产技术 2. 微分散纳米无机材料制备技术	
建材		1. 水泥窑氮氧化物减排技术 2. 水泥窑协同处置危险废物及城市垃圾关键技术 3. 玻璃熔窑全氧燃烧技术		低辐射玻璃（low emissivity glass, Low-E 玻璃）产业化生产工艺和装备	

续表

行业	劣质资源高效利用工艺技术	节能环保及资源利用	信息化及高效运行	绿色产品开发	行业链接
造纸	1. 白泥的综合利用技术 2. 污泥的综合利用技术	1. 无元素氯漂白技术 2. 全无氯漂白技术 3. 靴式压榨技术 4. 干燥部热量回收技术	高速造纸机自动控制技术 1. 造纸机产品质量控制系统(quality control system,QCS) 2. 造纸机集散控制系统(distributed control system,DCS) 3. 造纸机本体控制系统(main control system,MCS) 4. 造纸机的过程控制系统(process control system,PCS)	1. 废纸脱墨技术 2. 纤维分级技术 3. 废纸脱墨制浆生产水平衡技术	1. 突破钢厂焦炉煤气制氢与石化行业的循环经济链的构建,建设沿海钢铁-石化基地循环经济示范(广东湛江、山东日照)工程 2. 天津滨海新区海港石化-化工循环经济生态园建设

表0-2 2020年前待探索、培养的技术、工艺和装备

行业	劣质资源高效利用工艺技术	节能环保及资源利用	信息化及高效运行	绿色产品开发	行业链接
钢铁	高效、清洁的全废钢电炉冶炼新工艺	1. 换热式两段焦炉 2. 竖罐式烧结矿显热回收利用技术 3. 焦炉荒煤气余热回收利用技术 4. 钢厂利用可再生能源技术 5. 高炉渣和转炉渣余热高效回收资源化利用技术 6. 高效率、低成本 CO_2 捕集、回收,存储利用技术 7. 钢铁企业颗粒物的测定技术和排放规律研究	钢厂物质流和能量流协同优化技术及能源网络集成技术		流程工业生产过程中 CO_2 减排、回收和利用技术

续表

行业	劣质资源高效利用工艺技术	节能环保及资源利用	信息化及高效运行	绿色产品开发	行业链接
有色	1. 难选冶有色资源高效综合回收技术 2. 废旧材料分离、回收利用与改性技术	1. 城市及产业废弃物的生产过程协同资源化处理技术 2. 循环利用产业链建设技术 3. 绿色矿山建设技术 4. 有色资源绿色高效选冶回收集成技术	1. 选冶过程节能监测和能计量等节能新技术 2. 数字化矿山与智能开发利用相关的关键技术	1. 永磁、发光、催化、储氢等高性能稀土功能材料和稀土资源高效综合利用技术 2. 高纯稀有金属及靶材制备技术	
石化	1. 开发沸腾床和浆态床渣油加氢成套技术 2. 开展全流程优化研究;开发劣质原油预处理以及组合加工技术	1. 新型高效、节能、绿色炼油工催化剂 2. 开发煤炭、节能、工业炉、工业等 CO_2 减排及资源化利用技术;开发 CO_2 驱油提高采收率技术;开展以 CO_2 为原料制取化学品等技术研究	利用云计算、新一代移动互联网通信等先进信息技术,研究与建设石化企业智慧工厂	1. 开发新型分子筛材料、固体酸性材料、纳米材料等新型催化材料;纳米稀有非贵金属等活性中心催化剂 2. 开发高效光反应器和微藻养殖技术、微藻采收技术、微藻油提取技术,形成微藻生物柴油生成套技术 3. 开发燃料电池使用的关键材料与部件,提高电池长期运行的稳定性和可靠性	流程工业生产过程中 CO_2 减排、回收和利用技术
化工	煤炭的热力学化学全价利用技术	1. 高效微型催化剂制备技术 2. 微流控芯片开发	1. 脱氢/加氢微膜反应器加工技术 2. 微型换热 3. 混合模块开发	1. 微化工技术制备纳米有机材料 2. 微型燃料重整制氢技术	
建材	1. 玻璃新型熔化和澄清技术 2. 水泥窑纯氧燃烧及 CO_2 捕集利用技术				
造纸	1. 制浆过程"三废"高效利用 2. 草类原料清洁制浆技术	1. 植物组分清洁分离及应用技术 2. 实现废水全循环利用	高速造纸机关键技术控制软件开发	1. 低定量产品的研究开发 2. 气流造纸法研发	

（5）强化知识产权的管理，建立健全知识产权保护体系，切实保障科技人员的知识产权权益。

本课题研究得出如下主要结论。

（1）我国新型工业化及发达国家工业化后期的经验表明，流程制造业的发展会发生结构调整、产业升级，但不会被淘汰，仍然是国民经济特别是实体经济的基础。

（2）流程制造业的发展已受到资源、能源和环境的严重制约，不仅要适应生产结构的调整和消费结构的升级，更要面对能源、资源、生态、环境、市场竞争和加快信息化融合等方面新的挑战，为此，需要加快用高新技术来改造和提升流程制造业的步伐。

（3）对流程制造业而言，在2020年前开发出完全颠覆性的全流程工艺技术的可能性不大，但某一局部（工序）的颠覆性的技术可能会有所突破，并对全流程产生影响。

（4）流程制造业能源消耗大、环境负荷重，因此，其必将是我国节能减排、环境保护、绿色发展的"主力军"，也是发展循环经济的"主战场"。

（5）行业的共性-关键技术、行业之间及与社会的生态链接是未来流程制造业向绿色化、信息化和产品高端化方向发展的重要驱动。

前　言

　　战略性新兴产业是在贯彻落实科学发展观的指引下提出的，是在新一轮社会经济（如循环经济、低碳经济、高技术发展和可持续发展经济）发展的背景下推行的，其特点是在创新思想和工程理念的支持下，转变经济发展模式。这是新一轮高新技术和经过高技术融合的基础产业，以及合理消费共同拉动下新的社会经济发展模式。

　　战略性新兴产业的概念包括以下几方面的内容：①战略，即具有全局性、前瞻性；②新兴，即具有先进性和可成长性；③产业，即一系列相关工程、经济实体组成的行业性部门。

　　战略性新兴产业的发展需要培养成长过程，需要自身具有高技术内涵（包括实验室、中试和产业化开发），同时也需要在原有基础产业和国民消费过程中找到市场落脚点，并合理定位市场领域。

　　我国新型工业化及发达国家工业化后期的经验表明，流程制造业的发展会带来结构调整、产业升级，以及其他新的发展。流程制造业要面临未来社会的生产结构调整和消费结构升级，更要面对能源、资源、生态、环境和信息等方面的新挑战。

　　本课题的研究范围是流程制造业，主要包括钢铁、有色、石化、化工、建材、造纸六个行业。

　　本书由殷瑞钰院士负责，张寿荣院士，王淀佐院士、孙传尧院士，王基铭院士、袁晴棠院士，金涌院士，姚燕教授级高工、陈克复院士分别负责钢铁、有色、石化、化工、建材和造纸行业部分，全书由张春霞教授级高工、王海风工程师执笔，王海风工程师、魏明安教授级高工、刘佩成教授级高工、胡山鹰教授、赵平教授级高工、田晓俊高级工程师分别为钢铁、有色、石化、化工、建材和造纸行业执笔人，秦松高级工程师、齐渊洪教授级高工、上官方钦工程师、李桂金工程师、韩伟刚博士、马淑杰博士、姚国成高级工程师、张旭孝工程师、张文皓工程师、刘斌工程师也参与了书中相关部分的撰写、整理工作。

目　录

第一章

流程制造业的现状和问题

一、流程制造业对保障国民经济
健康发展做出重要贡献

我国经济仍处在工业化中、后期阶段，流程制造业作为支柱性产业，对其他产业的拉动和支撑作用明显，对国民经济发展和国内生产总值(GDP)的增长做出了重要贡献。2012 年主要流程制造业产品产能、产量及世界排名见表 1-1。

表 1-1   2012 年主要流程制造业产品产能、产量及世界排名

行业	产品	产量	占世界比例/%	世界排名
钢铁	粗钢	7.17 亿吨	46	1
有色	电解铝	2 026.7 万吨	45	1
石化	成品油	2.82 亿吨	11	2
	乙烯	1 523 万吨	12	2
化工	化肥	6 840 万吨	35	1
建材	水泥	21.84 亿吨	57	1
	平板玻璃	7.6 亿重量箱[1]	50	1
造纸	纸及纸板	10 250 万吨	25	1
	纸制品	4 804 万吨		1

1)1 重量箱折合约 50 千克，即 0.05 吨

自 1996 年粗钢产量超过 1 亿吨以来，我国钢铁产量持续快速增长，连续 16 年居世界第一位。2012 年我国粗钢产量达到 7.17 亿吨，约占当年世界钢产量的 46%。

我国是世界上最大的有色金属生产和消费国，有色金属产量和消费量居世界首位。2011年，我国十种有色金属产量为3 424万吨，表观消费量为3 458万吨；我国规模以上有色金属工业企业总产值38 500亿元，实现利润约1 850亿元；有色金属进出口总额1 606.8亿美元，累计完成固定资产投资4 773.47亿元。

我国石化工业的汽油、煤油、柴油等石油产品基本上满足国内需求，生产的三大合成材料等石化产品广泛地应用于生活的各个方面，有力地支持了相关产业的发展。2012年，石化产业工业(包括精炼石油产品制造业、基础化学原料制造业、合成材料制造业)总产值为65 857亿元，约占全国工业总产值的7%。

2012年我国化肥的产量约为6 840万吨，同比增长5.7%，2012年，我国化肥进口量约为475万吨，保持增长势头；我国已经成为世界最大的化肥生产国，化肥产量占世界总产量的35%，而国内消费量为6 200万吨左右，出口量为800万吨左右，均同比小幅下降。

我国水泥产量自1985年、平板玻璃产量自1988年、建筑卫生陶瓷产量自1993年起，均一直稳居世界首位。2012年，全国水泥产量为21.84亿吨，占世界水泥产量的57%；全国平板玻璃产量为7.6亿重量箱，占世界平板玻璃产量的50%；全国建筑陶瓷产量为92亿平方米，人均占有量由2006年的3.02平方米提高到5.37平方米，人均占有量居世界第一位；全国卫生陶瓷产量1.7亿余件，卫生陶瓷每百人平均占有量由2006年的6件提高到2010年的7.8件。

2012年纸及纸板总产量1.025亿吨，居世界第一位，比2005年的0.56亿吨增长了83%，年均增长11.86%；消费量1.004 8亿吨，比2005年的0.593亿吨增长了69.4%，年均增长9.9%。规模以上企业纸及纸板工业总产值由2005年的2 622亿元增加至2012年的7 075亿元，增长169.8%，年均增长24.26%；纸及纸板利税总额由2005年的225亿元增至554亿元，增长146.2%。人均消费量由2005年的45千克增加到2012年的74千克。

二、我国流程制造业当前面临的问题和挑战

在我国流程制造业产能迅速增长、技术显著进步、对国民经济的贡献越来越大的同时，制约流程制造业可持续发展的诸多因素也逐渐凸显出来。归纳起来，我国流程制造业当前主要面临以下几方面的问题和挑战。

(一)我国流程制造业发展受到体制的制约

1. 部分行业产能过剩

根据《2010年中国钢铁工业统计年报》，2010年我国新增粗钢产能6 167万

吨，到 2010 年年底我国粗钢的产量达到了 6.38 亿吨。从长远来看，以中等发达国家人均钢材消费量 300~350 千克/(人·年)计，我国钢材的表观消费量应在 4.5 亿~5.5 亿吨，可以看出 2010 年年底我国钢铁工业产能严重过剩，这部分过剩的产能对价格、能源、资源、环境产生了巨大的压力。

近几年以来，我国掀起了煤化工产业发展与投资热潮，已经逐渐出现了盲目发展的势头。我国甲醇、焦炭、电石(CaC_2)、合成氨等煤化工产品的产能已经过剩，开工率不足已经成为普遍现象，甲醇工厂的开工率甚至只有 30% 左右。国家出于宏观调控的需要，连续出台了一系列产业调整文件，现在对于煤化工项目的审批已经日趋严格。

有色工业企业所处理的有色金属矿产资源由于资源分布零散，难以形成大的产业集群，同时有色金属资源禀赋差、品位低、共伴生元素多，难以建设较大规模的采选生产企业，使得规模以下企业占到有色金属工业企业总数的 75% 以上。这些企业不但规模小，而且存在的问题较多，主要包括：滥采乱挖，破坏资源；走私贩私，屡禁不止；非法冶炼，污染环境；安全生产条件恶化，生产事故时有发生；等等。大量的低水平重复建设使产能过剩问题突出。电解铝、镁冶炼行业因产能严重过剩，2010 年开工率分别只有 70% 和 60%。此外，铜、铅、锌、钛也存在盲目发展与原料供需严重失衡的矛盾。

"十一五"期间，水泥行业全面推广新型干法工艺，大量生产线陆续点火运行。2010 年新增熟料产能 24 800 万吨，达历史最高水平。2011 年水泥熟料产量为 13.07 亿吨，水泥熟料产能为 17.18 亿吨，水泥熟料能力利用率为 77.23%；水泥产量为 20.85 亿吨，水泥生产能力为 28.97 亿吨，能力利用率为 72.99%。尽管 2011 年水泥行业经济收益颇丰，但产能过剩问题已经"潜伏"。2012 年，随着新增产能的不断释放与国家经济政策的调整、基建的放缓，水泥工业产能过剩问题凸显。2011 年，玻璃行业全面亏损，平板玻璃利润总额只有 23.1 亿元，比上一年度下降 73.4%；企业亏损面达到 24.8%；企业亏损额为 17.9 亿元，是上一年度的 11.7 倍。建筑卫生陶瓷与墙体材料行业中小企业众多，受利益驱动，为占领市场，竞相新建产线，产能过剩问题非常严峻，经济形势稍有波动，整个行业就会出现震荡，自我调整能力薄弱，始终难以跳出"盈利—增产—亏损"的怪圈。

造纸行业产能过剩问题愈演愈烈。新闻纸超出需求部分有 150 万~200 万吨，铜版纸的产量超过需求将近一倍。现在新的白卡纸、涂布牛皮纸、箱纸板等都面临着产能过剩的问题，包括当前投资非常热门的卫生纸，也有可能在将来出现产能过剩。由于美国、欧洲对我国铜版纸进行"双反"，低档的铜版纸售价低于新闻纸，销售环境恶化。外贸出口下降造成行业产能需求下降，而且当前互联网媒介和办公自动化给造纸行业总体发展带来的影响不可小视。造纸行业低水平供给、产能过剩、行业同质化竞争日益严重，规模扩张的空间被大大压缩，经济潜在的增长力下降,造纸行业进入了一个大的调整期。

2. 淘汰落后任务艰巨

2002 年之后,我国钢铁产量快速增长,投资过热问题凸显,粗放型特征非常明显。从 2003 年到 2008 年,重点大中型钢铁企业的产量增加了 2.11 倍,而无序发展的落后产量增加了 2.97 倍,大大高于大中型企业的增长幅度。中小型企业粗钢产量占全国粗钢产量的比例从 2000 年的 5.5%,提高到了 2009 年的 18.2%,其中相当一部分属于落后产能;同时,即使是大中型企业中也有落后产能、落后工业装备和落后产品存在。总的看来,淘汰落后产能任务艰巨。

有色工业具有国际先进装备水平的比例见表 1-2,由此可知,各种有色金属冶炼装备技术水平还有待提高。

表 1-2　有色工业具有国际先进装备水平的比例　　　　单位:%

有色工业	具有国际先进装备水平比例
铜冶炼产能	95
电解铝产能(大型预焙槽)	90
先进铅熔炼产能	60
炼锌产能(湿法)	80
镁冶炼产能(皮江法)	70

资料来源:《中国有色金属工业年鉴》(2012 年)

国内外石化炼油规模比较见表 1-3。中国石油天然气公司(简称中石油)和中国石油化工集团公司(简称中石化)两大集团炼厂平均规模 724 万吨/年,已经超过世界炼厂 679 万吨/年的平均规模。大量的地方小炼厂的存在使我国炼油行业的炼厂平均规模偏低、能耗物耗高、平均加工负荷率低(比世界平均水平低约 8 百分点),中国石化炼油平均规模仅 292 万吨/年。

表 1-3　国内外石化炼油规模比较　　　　单位:万吨/年

石化炼油	平均规模
中国平均	292
中石油、中石化两大集团炼厂	724
世界炼厂	679

2012 年我国造纸行业及纸制品行业规模以上生产企业数量见表 1-4 和表 1-5。造纸行业 2012 年企业总数为 2 748 家。其中大中型企业 504 家,占 18.34%;小型企业 2 244 家,占 81.66%。纸制品行业 2012 年企业总数为 4 382 家。其中大中型企业 455 家,占 10.38%;小型企业 3 927 家,占 89.62%。造纸行业世界先

进技术装备水平占 40%，国际一般、国内先进技术装备水平占 30%，比较落后
技术装备水平占 30%。

表 1-4　造纸行业规模以上生产企业数量

造纸行业规模以上生产企业数量	企业数量/家	比例/%
大中型	504	18.34
小型	2 244	81.66
全国	2 748	100

表 1-5　纸制品行业规模以上生产企业数量

纸制品行业规模以上生产企业数量	企业数量/家	比例/%
大中型	455	10.38
小型	3 927	89.62
全国	4 382	100

3. 行业集中度偏低

虽然我国钢铁企业规模不断增大，但其集中度却没有明显提高。2005 年以
后，钢铁企业联合重组的力度加大，钢铁产业集中度有一定提高。2009 年粗钢
产量居前 5 位和前 10 位的企业产量比重分别为 29.1% 和 42.5%，比 2008 年上
升 0.5 百分点和 0.9 百分点。但总体来看，由于 2002 年之后，我国钢铁工业投
资过热，在国际钢铁业加快联合重组的同时，我国钢铁行业产业集中状况不仅没
有改善，甚至出现更加分散的倾向。2001 年我国粗钢产量 1.5 亿吨，居前 10 位
的企业产量比重为 49.0%；到 2009 年我国粗钢产量超过 5.6 亿吨，而居前 10
位的企业产量比重比 2001 年下降了 6.5 百分点。

近年来我国虽然建设了一批大型炼油项目和百万吨乙烯项目，但石化工业产
业集中度仍然较低。截至 2011 年年底，我国炼油厂数量达到 204 家，炼厂平均
规模 290 万吨/年，只有西藏、云南和贵州等少数省区没有炼厂，而美国炼厂平
均规模为 660 万吨/年，沙特阿拉伯炼厂平均规模高达 1 338 万吨/年；我国共有
乙烯生产企业 23 家，企业平均规模 66 万吨/年，分散于 12 个省市，布局不尽合
理，而沙特阿拉伯乙烯平均规模已达 100 万吨/年，加拿大、美国等国平均规模
达到 90 万吨/年。尽管如此，我国一些地方仍在盲目规划布点千万吨炼油、百万
吨乙烯等石化项目，无序发展的势头愈演愈烈。根据各省市披露的数据，"十二
五"期间我国将新增 2.4 亿吨/年炼油、1 000 万吨/年乙烯生产能力，产能将大量
过剩，因而导致装置开工不足、经济效益下降，造成原油、土地、水等资源和资
金的大量浪费，与科学发展观的要求背道而驰。

"十一五"期间，中国建材集团等一批企业敏锐捕捉市场机遇，大力开展兼并重组，提高了水泥行业生产集中度与规模效益，对于维持我国水泥行业健康有序发展起到了重要作用。即便如此，2011 年我国前 10 家水泥生产企业的市场集中度也仅为 28%。而水泥产量世界排名第 2~7 位的国家仅前 3 家企业的市场集中度就超过 50%，前 10 家企业的市场集中度即达到 60%~70%。与这些国家的市场集中度水平相比，我国水泥行业还有很长的路要走。

(二)我国流程制造业发展受到资源和环境的制约

1. 能源消耗

我国工业能耗增长迅速。2012 年工业能耗总量约 26.0 亿吨标准煤，占全国能耗总量的 73%，与 2000 年相比，增加了 1.9 倍(图 1-1、图 1-2)。2010 年流程制造业能耗约占工业能耗总量的 64%(图 1-3)。

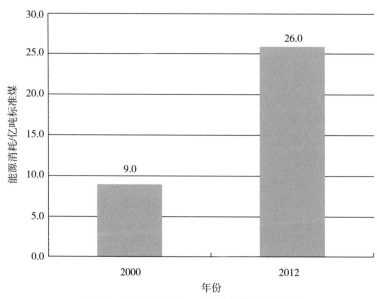

图 1-1　2012 年与 2000 年工业能耗对比图

"十一五"以来，工业节能减排技术的推广和普及取得了明显成效。全国规模以上工业增加值能耗从 2005 年的 2.59 吨标准煤/万元降低至 2010 年的 1.92 吨标准煤/万元(图 1-4)，以年均 8.1% 的能耗增长支撑了年均 14.9% 的工业增长。

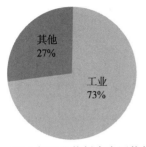

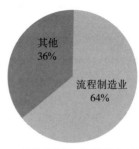

图 1-2　2012 年工业能耗占全国能耗比例　　图 1-3　2010 年流程制造业能耗占工业能耗比例

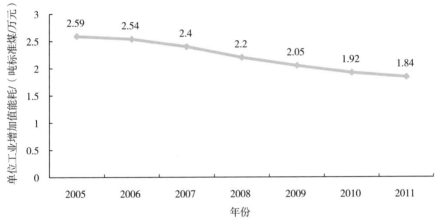

图 1-4　2005～2011 年单位工业增加值能耗变化

资料来源：国家统计局

钢铁、有色、化工、建材等主要用能行业的单位产品能耗显著下降，2010年与 2005 年相比，钢铁、炼油和水泥等行业综合能耗分别下降 12.1%、15.1%和 28.6%。

虽然我国钢铁工业吨钢综合能耗有明显的下降，但由于我国粗钢产量持续高速增长，钢铁工业的总能耗也逐年增大。2008 年我国钢铁工业总能耗达到了3.90 亿吨标准煤（电力折算系数取等价值），分别是 1991 年和 2000 年的 3.87 倍和 2.41 倍。钢铁工业总能耗在全国总能耗中所占比例也呈上升趋势，2008 年钢铁工业总能耗占全国总能耗的比例达到了 13.37%，分别比 1991 年和 2000 年增加了 3.66 百分点和 2.26 百分点。

2009 年有色工业消耗标准煤占全国工业能源消耗总量的 5.16%，仅电解铝耗电就占全国总耗电量的 6.38%。2010 年综合能耗中，氧化铝为 508 千克标准煤/吨、铜为 347 千克标准煤/吨、铅为 376 千克标准煤/吨、镁为 5 吨标准煤/吨、精锡为 1.5 吨标准煤/吨。电解铝平均吨铝直流电耗 13 084 千瓦时，距国外先进水平 12 100～12 500 千瓦时的水平仍有一定差距；吨海绵钛电耗比国外先进水平高 0.7 万～1 万千瓦时。2010 年，有色金属行业能耗占全国能源消耗的 2.8%，但工业增加值只占全国的 1.99%。有色金属工业能源消费主要集中在冶炼环节，约占产业能源消耗总量的 80%，加工占 11%，采矿占 5%。在冶炼环节中，铜冶炼仅占 2%，铝冶炼占 61%，铅锌冶炼占 7%，镁冶炼占 6%。

2012 年，化工原料及制品业耗能 31 507.9 万吨标准煤，化学工业万元产值能耗 0.445 4 吨标准煤，同比 2011 年下降 11.89%。化工产品单位综合能耗降低，相比于 2010 年，2012 年化肥行业消费能源 9 418.88 万吨标准煤，吨肥能耗 1 267 千克标准煤，实现节能量 2 400.7 万吨标准煤；化学农药单位产品综合能耗 952 千克标准煤/吨，节约了 156.64 万吨标准煤；有机化学产品合计消费能源 7 384.9 万吨标准煤，单位产品能耗 973 千克标准煤/吨，节约能源 1 085 万吨标准煤；主要无机化工原料消费能源 3 855.63 万吨标准煤，单位产品综合能耗 0.245 吨标准煤，实现节能 362.3 万吨标准煤。但是，化学矿采选业的单位产品能耗有所上升，2012 年，化学矿采选业消费能源 120.34 万吨标准煤，吨产品能耗为 10.86 千克标准煤，比 2010 年多消耗能源 17.5 万吨标准煤。

2. 资源消耗

钢铁生产以铁矿石为原料，消耗能源，生产钢铁产品。2009 年我国粗钢产量 5.68 亿吨，进口铁矿石 6.28 亿吨，国产铁矿石（按原矿计）8.8 亿吨，消耗石灰石等熔剂 1.5 亿吨，新水 26.5 亿吨，废钢 8 100 万吨。这些资源的可持续性值得分析研究。

我国有色金属资源储量结构明显呈现出"三多三少"的特点：资源总量多，结构储量和基础储量少；经济可利用性差或经济意义未确定的资源储量多，经济可利用的资源储量少；控制的和推断的资源储量多，探明的资源储量少。据调查，在 113 个大中型有色金属矿山中，探明资源枯竭型矿山占 56.6%，资源危机型矿山占 28.9%，后备资源有保证的矿山仅占 19.5%。国内矿山供应能力不足，造成我国原料自给率逐年下降。2011 年，我国 10 种常用有色金属产量的国内矿山自给率不足 50%。有色金属工业已发展成为对外依存度最高的产业之一，目前年需求量 60% 的铜、40% 的铝、20% 的铅、15% 的锌靠进口原料生产[①]。这种情况严重制约我国有色金属工业的可持续发展。

随着国民经济的持续高速发展，近年来我国石油需求量大幅增加，2000 年

---

① 相关内容参考：有色十二五规划将推出提升行业投资价值. 中营网，http://www.aladdiny.com/news/2011/0413/2921202.asp。

我国石油需求为 2.2 亿吨，2011 年达到 4.7 亿吨，年均增长 4%。与此同时，在需求的推动下，我国原油加工量从 2000 年的 2.11 亿吨增长到 2011 年的 4.48 亿吨，年均增长 7%，而在此期间我国原油产量仅从 1.63 亿吨增至 2.0 亿吨，年均增长仅 2%。需求的快速增长与国内石油资源供应不足的矛盾日益突出，原油进口量快速增长。2012 年，我国原油对外依存度已达到 56%。从长远来看，我国经济将继续保持稳定发展，石油需求仍将以较快的速度增长，预计 2015 年我国石油需求将达到 5.8 亿～5.9 亿吨，2020 年将达到 7.1 亿～7.6 亿吨。而国内原油产量只能保持稳中有升，预计 2020 年前保持在两亿吨左右，我国石油对外依存度还将不断增加，石油资源供需矛盾将会更加突出。

由于国内原料林基地建设迟缓，供材有限，非木浆发展受到清洁生产新技术开发滞后的影响，加上国内废纸回收率偏低等因素的影响，造纸纤维原料自给率难以提高，供需矛盾日益加剧。2010 年，进口木浆 1 137 万吨，比 2005 年的 759 万吨增长 49.8%；进口废纸 2 435 万吨，比 2005 年的 1 703 万吨增长 43%，我国造纸工业对进口纤维原料的依存度高达 40% 以上。

3. 环境污染排放

工业废水排放强度不断降低，从 2001 年的 46.5 吨/万元降至 2011 年的 12.3 吨/万元（图 1-5）。

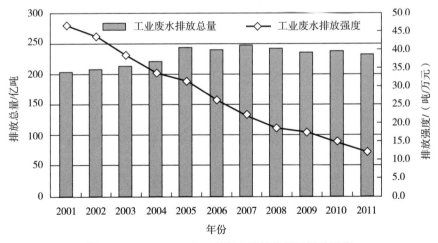

图 1-5　2001～2011 年工业废水排放总量及排放强度

资料来源：《中国环境统计年鉴》

工业废气排放强度从 2001 年的 3 691 标准立方米/万元降至 2011 年的 3 579 标准立方米/万元（图 1-6）。

温室气体排放总量大。2007 年化工、冶金、建材工业（不含造纸）的 CO_2 排放总量约为 24.5 亿吨，占全国排放量的 40.5%（图 1-7），占工业的 56.5%。

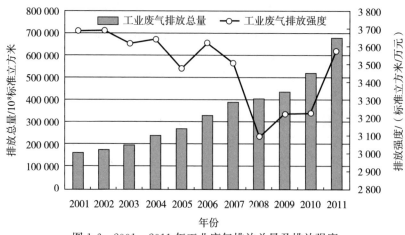

图 1-6　2001～2011 年工业废气排放总量及排放强度

资料来源:《中国环境统计年鉴》

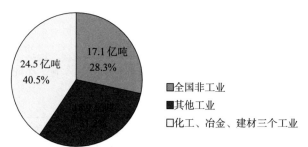

图 1-7　2007 年主要流程工业 CO_2 排放及其占全国的比例

　　钢铁工业的环境污染主要是炉渣、烟粉尘、SO_2、CO_2 和废水污染。从总体上来看,我国钢铁工业除节能带来的环境优化效果外,钢铁生产的废气、废水、固体废弃物的无害化、资源化处理、技术开发已经取得了显著的成绩,污染物的单位排放量不断降低。我国重点大中型钢铁企业的环境污染局部得到控制,部分企业如宝钢集团有限公司(简称宝钢)、武汉钢铁集团有限公司(简称武钢)、唐山钢铁集团有限责任公司(简称唐钢)、济钢集团有限公司(简称济钢)、太原钢铁集团有限公司(简称太钢)、莱钢集团有限公司(简称莱钢)等有很大改善,但是中小型落后的钢铁企业环境污染仍在恶化,某些新建的小钢铁企业的环境污染问题更加严重,其烟、尘、水等的污染根本没有得到治理,境况非常令人担忧。一些规模小、技术落后的设备仍在运行,严重影响了行业整体能耗降低与环境负荷减小目标的实现。此外,一次和二次能源在钢厂的利用率较低,造成能源浪费、环境负荷加大。

　　有色工业长期的矿产资源开采、冶炼生产累积的重金属污染问题近年来开始逐渐显露。有色金属行业每年排放废水数百亿吨、尾矿数亿吨、废渣数百万吨、采矿废石数千万吨。污染事件时有发生,尤其是近年来发生的重金属环境污染事件及血铅污染事件,对生态环境和人民健康构成了严重威胁。

我国石化工业能耗物耗指标偏高,资源利用率有待提高,"三废"排放量较大。要保护环境,必须及时进行技术改造,同时大幅增加投资,积极开发新技术,降低生产成本。

目前,我国主要建材产品的生产消耗、排放指标均明显高于国际先进水平,相关标准也落后于发达国家。水泥工业近 10 年能耗总量不断攀升,2009 年占建材工业能耗总量的 72.4%,万元增加值综合能耗为 9.2 吨标准煤,是建材工业平均水平的 2.6 倍和全国工业平均水平的 4.5 倍。2010 年我国新型干法生产线生产吨熟料的实际矿物燃料要高出五大公司[美国豪瑞集团(Holcim)、法国拉法基集团(Lafarge)、德国海德堡公司(Heidedberg)、墨西哥西麦斯公司(Cemex)、意大利水泥公司(Italcementi)]平均 6.18 千克标准煤(陈友德和刘继开,2012)。2011 年,水泥工业排放的 CO_2 占我国 CO_2 总排放量的 20% 左右,氮氧化物(nitrogen oxides,NO_x)排放总量约占全国工业 NO_x 排放总量的 10%,成为仅次于电力、汽车排放的第三大 NO_x 排放行业。总体来看,在政策、市场的多重约束下,水泥工业单位能耗及排放强度呈逐年下降趋势,但排放总量依然维持较大数量。

我国造纸工业中技术装备比较落后的产能仍占 35% 左右,物耗、水耗、能耗高,是造纸工业的主要污染源,其化学需氧量(chemical oxygen demand,COD)排放量约占行业排放总量的 47%,产品质量、物耗、污染负荷均与国际先进水平存在相当大的差距,难以达到《制浆造纸工业水污染物排放标准》(GB3544—2008)的要求,急需加大改造或淘汰的力度。

我国工业总规模激增,总污染排放呈上升趋势。与 2000 年比较,粗钢产量增长了 4.56 倍,电解铝产量增长了 5.78 倍,水泥产量增长了 2.68 倍,平板玻璃产量增长了 2.88 倍,纸及纸板产量增长了 3.12 倍(表 1-6)。随着科技的进步,工业行业单位产品的污染排放强度虽不断下降,但由于其规模快速粗放扩张,工业的总能耗和污染排放总量仍然过大并呈升高趋势,环境污染形势仍然严峻。

表 1-6 2012 年主要流程制造业产品量与 2000 年的比较

主要流程制造业	2000 年	2012 年	增长倍数
粗钢/亿吨	1.29	7.17	4.56
电解铝/万吨	298.9	2 026.7	5.78
水泥/亿吨	5.93	21.84	2.68
平板玻璃/亿重量箱	1.84	7.14	2.88
纸及纸板/万吨	2 487	10 250	3.12

以钢铁工业为例,由于我国粗钢产量增长太快,钢铁工业的总能耗上升。与

2000 年相比，2011 年吨钢综合能耗下降约 26％；但粗钢产量增加了 446％，使得总能耗增加了 302.6％（图 1-8）。

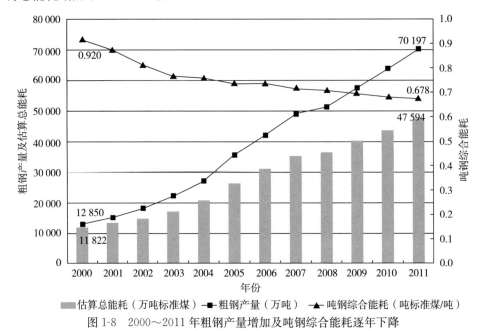

图 1-8　2000～2011 年粗钢产量增加及吨钢综合能耗逐年下降

2011 年工业废水排放量 230.9 亿吨，是 2000 年工业废水排放量的 1.2 倍，占全国废水排放量的 35.0％（图 1-9、图 1-10）。2011 年工业 SO_2 排放量 2 017.2 万吨，是 2000 年工业 SO_2 排放量的 1.3 倍，占全国 SO_2 排放量的 91.0％（图 1-11、图 1-12）。

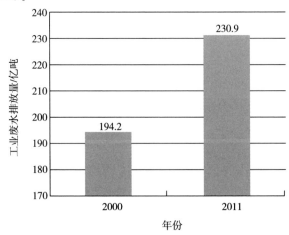

图 1-9　2000 年和 2011 年工业废水排放量

资料来源：《全国环境统计公报》

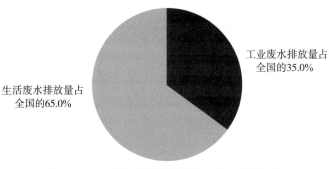

图 1-10 2011 年工业废水排放量占全国的比例
资料来源：《全国环境统计公报》

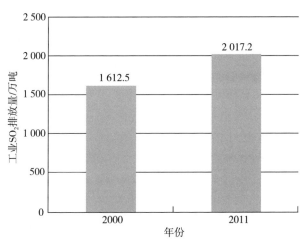

图 1-11 2000 年和 2011 年工业 SO_2 排放量
资料来源：《全国环境统计公报》

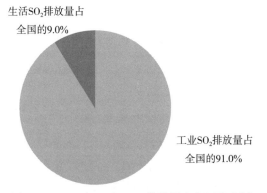

图 1-12 2011 年工业 SO_2 排放量占全国的比例
资料来源：《全国环境统计公报》

国家能源、环保标准愈加严格，企业面临空前的能源和环保压力。以钢铁工业为例，2012 年 10 月公布新的钢铁工业污染物排放标准；2013 年 10 月颁布新修订的焦炭、粗钢能源消耗限额标准（表 1-7）。

表 1-7　钢铁工业修订相关能耗、环保标准

标准名称	标准号
炼焦化学工业污染物排放标准	GB 16171—2012
钢铁烧结、球团工业大气污染物排放标准	GB 28662—2012
炼铁工业大气污染物排放标准	GB 28663—2012
炼钢工业大气污染物排放标准	GB 28664—2012
轧钢工业大气污染物排放标准	GB 28665—2012
钢铁工业水污染物排放标准	GB 13456—2012
焦炭单位产品能源消耗限额	GB 21342—2013
粗钢生产主要工序单位产品能源消耗限额	GB 21256—2013

水泥工业的环保标准也越来越严格。各个国家和地区水泥工业颗粒物、NO_x、SO_2 排放限值比较见表 1-8～表 1-10。

表 1-8　各个国家和地区水泥工业颗粒物排放限值比较

单位：毫克/立方米

中国		欧盟	德国		瑞士
2013 年 7 月 1 日至 2014 年 12 月 31 日	2015 年 1 月 1 日以后	10～20	一般水泥窑	水泥窑协同处置废弃物	20
50	30		20	10	

注：中国的排放限值随时间变化，标准越来越严格；德国以"一般水泥窑"和"水泥窑协同处置废弃物"两类标准规定排放限值；欧盟、瑞士没有进一步细分标准

表 1-9　各个国家和地区水泥工业 NO_x 排放限值比较

单位：毫克/立方米

中国		欧盟	德国		瑞士
2013 年 7 月 1 日至 2014 年 12 月 31 日	2015 年 1 月 1 日以后	200～450	一般水泥窑	水泥窑协同处置废弃物	500
450	320		500	200	

注：中国的排放限值随时间变化，标准越来越严格；德国以"一般水泥窑"和"水泥窑协同处置废弃物"两类标准规定排放限值；欧盟、瑞士没有进一步细分标准

表 1-10　各个国家和地区水泥工业 SO₂ 排放限值比较

单位：毫克/立方米

中国		欧盟	德国		瑞士
2013 年 7 月 1 日至 2014 年 12 月 31 日	2015 年 1 月 1 日以后	200~450	一般水泥窑	水泥窑协同处置废弃物	500
450	320		500	200	

注：中国的排放限值随时间变化，标准越来越严格；德国以"一般水泥窑"和"水泥窑协同处置废弃物"两类标准规定排放限值；欧盟、瑞士没有进一步细分标准

三、我国流程制造业的科技创新能力有待加强

近年来我国钢铁产业科技工作以提高自主创新能力、推动结构调整为目标，经过技术攻关和自主创新，自主研制开发成功了一批重大产业技术与科技成果，但从总体上看，我国钢铁产业综合技术水平在国际上还只是处于中等偏上的水平，自主创新能力与国际先进水平仍有一定差距。我国重点大中型钢铁企业的平均吨钢能耗比国际先进水平高 10％～20％；信息技术的开发和利用尚待加强；某些高技术含量、高附加值产品仍不能完全满足要求。从循环经济指标和环境保护指标看，我国钢铁工业与国际先进水平的差距较大。因此，我国钢铁产业发展到了必须提高自主创新能力和进一步用高新技术来武装改造的新阶段，只有增强自主创新能力，特别是加强高新技术的改造和应用，才能适应改变国民经济发展方式的需要。

经过近二十多年的发展，我国常规有色金属产品基本满足国民经济发展的需要，但是对于现代高技术产业或国防军工所需的高、精、尖部分产品，目前在技术上尚未完全过关，仍需进口。在我国进口的有色金属产品中，除铝土矿、氧化铝、铜精矿等原料外，高端产品和高性能材料占较大比重。我国与当今高新技术发展紧密相关的优势有色金属资源储量丰富，如稀土、钛、镁、钨、钼、镓、铟、锗、铋等，但是对于这些宝贵的资源，我们绝大部分只能加工成初级矿产品或初级冶炼产品，除少量在国内应用外，大部分用于出口，资源优势尚未转化为经济优势。

我国石化工业的原始创新能力不足，获取新技术（包括新能源技术、改变原料和工艺技术路线的技术等）能力不强，缺乏前瞻性技术创新储备，具有自主创新的核心技术和专有技术不足，影响了石化产业的结构调整和产业升级。发达国家通过制定和实施较高、较严格的产品质量、环保标准和技术性法规，如《注册、评估、授权和限制》(Registration，Evaluation，Authorization and Restriction，RACH)等措施，抬高市场准入门槛，增加了我国石化下游产品的出口成本和

难度。

我国建材工业呈现出技术水平参差不齐，先进与落后并存，且部分行业落后技术仍占主导地位的特征。即使在水泥、平板玻璃生产工艺技术方面，我国也只是大部分赶上和达到了国际先进水平，还没有完全掌握大型关键设备的核心技术，大型成套装备系列还不完备，落后产能仍然有发展空间。对于生产工艺技术更深层次的科技研发与创新，我国仍处于筹备或酝酿阶段，尚未达到超越和领先的程度。例如，我国水泥工业设备普遍对原燃料的适应性较差，耐磨材料与研磨介质的消耗比先进国家高 $10\%\sim20\%$。设备平均运转率较国外低 10%。由于耐磨、耐热性差，我国大型辊磨磨辊寿命为 8 000 小时，而国外是 20 000 小时。另外，我国主机设备质量较大，比丹麦 FLS 公司高出约 10%。面对以上事实，我国建材流程制造业应以"转方式、调结构、提水平"为契机，促使相关科技发展在广度和深度上同时推进。

我国造纸工业自主创新能力建设比较薄弱，产、学、研没有形成有机的整体，引进技术、消化吸收、再创新能力不足，在新工艺、新设备和新产品的开发上缺乏自主创新的重大产业化成果。大型蒸煮、筛选、漂白设备，高得率制浆设备，高速纸机流浆箱，靴式压榨、压光机，复卷机等关键设备基本依赖进口。

国内外流程制造业战略性新兴产业发展的历程和经验

结合国外相关行业发展和中国流程制造业现状，现提出如下发展方向。

(1)流程制造业是直接涉及资源、能源、环保、生态的重要行业，是节能减排的"主力军"，是战略性新兴产业中节能环保产业的重要领域。

(2)流程制造业结构调整的重点是绿色化转型，构建集成、多元的产业体系，工业生态园、低碳经济、循环经济是重要的载体和形式。

(3)流程制造业的发展方向是在构建优化的物质流、能量流、信息流基础上，与智能化、数字化相融合。

(4)作为重要的基础产业，流程制造业将继续存在，其作为战略性新兴产业体现为节能、减排、清洁生产、智能化、绿色化。

一、钢 铁

日本钢铁工业的发展历程与中国钢铁产业的发展轨迹有着惊人的相似之处，因此，分析日本钢铁工业的发展，对中国钢铁产业的发展具有重要的借鉴意义。

钢铁工业曾经是日本经济最重要的支柱产业之一。早在1901年，日本就建立了炼铁、炼钢和轧钢的钢铁联合企业。第二次世界大战后，日本政府对钢铁工业实施倾斜政策，使日本钢铁工业在1951~1967年得到迅速发展，1973年钢产量即已达到1亿吨，1993~1995年日本一直是世界第一大产钢国。从1996年起，中国成为世界第一大产钢国，日本紧随其后，位居世界第二。日本钢铁工业的发展呈现出以下几个特点。

(1)产业结构呈现典型的寡头垄断特征。第二次世界大战后，在反垄断政策的指导下，美国政府以占领军的名义要求日本钢铁行业的托拉斯组织——日本制铁拆分为八幡制铁和富士制铁,还将川崎制铁从日本钢管独立出来,再加上原有的住友金属、神户制钢,六家钢铁企业垄断了日本全国钢铁工业的命脉。1961年,上述六家公司所生产的铁占全日本的86.7%、钢占68.4%。1970年,八幡制铁和富士制铁合并成立新日本钢铁公司(简称新日铁),成为当时世界上最大的钢铁公司。2001年5月,日本钢管与川崎制铁合并为JFE集团。2006年,新日铁、JFE集团、住友金属、神户制钢四家公司的钢铁产量占全日本的75.03%。

(2)设备投资规模大、设备大型化。1978年日本钢铁工业投资额为42.9亿美元,成为全球最大的钢铁投资国。同时,日本很注重投资效果。从1957年到1976年,日本钢铁工业投资总额虽与美国、欧洲煤钢联营六国大体相同,约270亿美元,但效果大不相同。在此期间,日本产钢能力增加1.24亿吨,而美国只增加3 600万吨,欧洲煤钢联营六国增加9 700万吨。巨大的投资给日本钢铁工业带来设备大型化,由此又带来生产效率的提高和成本的降低。1973年日本钢铁工业全员劳动生产率为497.2吨钢/(人·年),为同期美国的1.43倍,苏联的4.51倍。

(3)钢铁产业与其他相关产业协调发展。从日本钢铁产业发展的历史看,该产业的成长基本上是在与各产业协调发展的基础上发展起来的,并对日本整个国民经济发展起重要作用。这种地位和作用随着其他产业的发展而显现出来。例如,钢铁产品的物美价廉使日本的机械制造业迅速发展,产品质量也有很大提高,反过来钢铁工业也从中受益。20世纪50年代初,日本钢铁工业所需进口设备约占总投资的18%,到60年代,已下降到1%以下。

(4)产业集聚和区域专业化现象明显。日本钢铁产业布局的第一个特点是大厂均建在沿海,绝大部分钢铁联合企业集中在由京滨、阪神、中京、濑户内海、北九州五大工业区形成的太平洋带状区域。1976年,该区域钢铁生产量占全日本的87.3%,消费量占83.9%。第二个特点是中小钢厂分散建厂,遍布全国,但也相对集中。

(5)原料和市场具有极大的对外依赖性。日本钢铁工业所需的原料、燃料几乎全靠进口,平均海上运距在6 000海里(1海里=1 852米)以上,这是日本钢铁工业发展的致命弱点。但日本能排除障碍继续发展的原因主要如下:①日本钢铁企业在全世界范围内选择优质原料。优质原料不仅可间接地相对降低运费,而且可降低燃料消耗,提高产量,还可减少"三废"的排放量及环境污染。②发展大型专用船,建造深水码头和配备相应的装卸设备,提高运输能力,降低运费。③加强海外矿山的投资。

(6)积极引进新技术。第二次世界大战后,日本钢铁工业发展的一些关键技术无一不是从国外引进的。日本取百家之所长,在引进的基础上大搞技术革新,很快突破原有的技术指标,使日本的钢铁工业技术达到世界先进水平。日本从

1951 年引进美国带钢连轧技术开始，经 1957 年引进顶吹转炉炼钢技术，逐渐使本国钢铁技术水平进入世界前列。到 20 世纪 60 年代后期引进连铸技术时，日本钢铁技术已开始从进口国转变为出口国，1977 年日本钢铁工业的技术输出和成套设备的出口约 86 亿美元。

尽管日本钢铁工业发展的时代背景与我国当今钢铁工业存在很大不同，但日本钢铁产业发展的特点及日本政府采取的钢铁产业发展政策，对我国当前钢铁产业的发展具有重要借鉴意义。

第一，我国钢铁工业应走可持续发展道路。目前无论是从钢材积蓄总量、人均消费量，还是从需求看，我国每年的钢材消费量将保持在较高的水平上。但就目前看，应更多地关注质量与环保，走可持续发展的道路。我国要增加品种，尤其是集中开发进口替代产品，生产高技术含量、高附加值的钢材，从而在质和量上跻身世界钢铁大国行列。

第二，调整钢铁产业布局。我国钢铁工业内外部条件尽管发生很大变化，但传统计划经济体制下形成的以内陆原料、燃料地布局为主的空间格局，并没有发生较大改变。即使是宝钢也没有深水港作为依托，达不到像日本钢铁联合企业那样，进口铁矿石不经转运直接进入厂区。供应宝钢的铁矿石要在北仑港转装小船，这就增加了成本，也降低了我国企业同国外同类企业的竞争能力。而"靠海建设"的首钢京唐钢铁公司曹妃甸钢铁厂的新厂址距离最近的港口也有 500 米。因此我国钢铁工业发展必须进行空间格局调整。钢铁工业空间格局调整需同时与关停并转小型高炉企业、在临海地区增设大型钢铁联合企业结合考虑。目前，我国大型高炉的建设在相当程度上还需依赖海外铁矿石的供给。因此，临海地区优先配置大型钢铁联合企业是我国钢铁产业布局的当务之急。

第三，钢铁业应加快产业结构优化的步伐。钢铁行业应通过充分发挥市场机制，着力培育具有世界影响力的钢铁企业集团，提高产业集中度，通过全球资源整合，培育出超大规模钢铁企业集团。我国钢铁行业要想成为世界钢铁市场的一部分，发挥与产能规模相匹配的作用，就必须提升行业控制力，实现钢铁市场向寡头垄断型市场结构的转变。

第四，制定合理的产业政策。政府部门应清醒地认识到自己的职责所在，不应代替甚至超越企业或市场。政府应通过制定、完善各项法律规章，维护市场竞争机制。不仅政府要监督企业和市场，企业和市场也应监督政府部门介入市场的行为。当然，政府部门还必须为产业发展提供更好的制度基础和公共服务，降低社会成本，创造更好的社会环境。此外，政府应更多关注各种市场失效问题，如制定严格的技术质量标准和环保标准，加强执法，以减少信息不对称所造成的损失。

第五，加强企业的技术创新。从 20 世纪 70 年代末，我国钢铁企业开始大规模引进世界先进技术和装备，但至今仍处在追赶世界先进水平的阶段。这既有产业发展阶段的问题，又有科研管理体制的问题，但关键是缺乏技术创新。当前，无论是从行业积累、人才储备还是国家政策方面看，钢铁企业进行战略性技术突破的条件都已成熟，这就需要企业和研究机构共同行动起来。

二、有　色

(一)行业主要技术领域发展历程

有色金属被誉为我国现代工业的"粮草"和"血液"，在国民经济建设进程中拥有举足轻重的地位，其开发和利用伴随着整个人类制造和使用工具的历史。纵观有色金属开发技术的发展历程，人类历史的每一次科技进步，都带动着有色金属的开发利用发生根本性的变革。

有色金属矿产资源开发利用技术进步对有色金属行业可持续发展的贡献巨大。开发利用技术进步大幅度提高了采选冶作业回收率，提高了伴生金属元素综合利用率，相当于大幅增加了可利用矿产资源储量；实现了低品位、难选冶、共生-伴生资源的综合开发，盘活大量资源，有效增强国内资源供给能力，实现了资源综合利用效率的最大化；降低了选矿入选品位和矿山边界品位，增加了可利用资源量。

1. 充填法采矿技术

机械化充填采矿工艺从最初的分层充填起步，逐步向分段和阶段充填方向发展，经过十多年的不断创新完善，已形成较完整的体系并日益扩大其应用范围，尤其是一个采场出完矿后整体一次充填的阶段充填法，因其既可与大直径深孔阶段落矿相匹配，也可适用于分段空场采矿，正受到普遍重视。目前，充填法已不再只是开采不稳固矿岩矿体的有效方法，还是提高回采率、深部开采、实现无废开采最重要的方法，是采矿工艺最主要的发展方向之一。大直径深孔崩矿与嗣后充填相结合的阶段充填法，更使充填法的效率大大提高，因而充填法的应用日渐广泛，这也与建设"资源节约型和环境友好型社会"的目标一致。

废石胶结充填、全尾砂胶结充填、泵压输送充填、赤泥胶结充填等工艺与技术及其充填材料等方面的技术进步取得显著成效，有效地解决了原有充填工艺效率低、成本高、劳动强度大、料浆输送浓度低和材料配合要求严格等关键技术问题，使我国的充填技术达到了国际先进水平，促进了充填采矿工艺的推广应用。

2. 溶浸采矿技术

为了开发利用铜矿峪铜矿赋存的大量难采难选低品位氧化矿资源，1997～

2000 年北京矿冶研究总院、中条山有色金属集团有限公司和长沙矿山研究院合作，进行了国家"九五"重点科技项目——"难采难选低品位铜矿地下溶浸试验研究"的攻关，研发了具有"孔网布液，静态渗透，注浆封底，综合收液"技术特色的成套地下浸出提铜技术，首次成功地实现了原地破碎浸出采矿技术在我国有色矿山的应用，取得了良好的经济效益和显著的社会效益。

1997～2001 年，经北京矿冶研究总院和寿王坟铜矿共同努力，完成了财政部资源补偿费资助项目"寿王坟铜矿空区存窿矿石就地细菌浸出技术研究及工业化"，对于低品位的混合铜矿，浸出率达 68.11%，集液率达 93.48%，已属于优异指标。实现了国内第一家铜矿资源数万吨级就地细菌浸出工业化生产，取得了914.32 万元的年直接经济效益和显著的社会效益。

紫金山铜矿生物提铜技术研究在完成实验室小型实验和扩大试验基础上，进行了现场 300 吨铜/年和 1 000 吨铜/年级工业试验。入浸铜品位 0.42%～0.88%，浸出周期 180～240 天，铜浸出率 75.68%～80.84%。所开发的技术及其指标国内领先，达到国际先进水平。紫金山铜矿已形成国内第一条地下采矿—生物堆浸—萃取—电积千吨级生产线，累计生产阴极铜 3 209 吨，获得经济效益2 590 万元。应用该技术成果的紫金山万吨级生物提铜矿山基本建成，使铜储量达 146 万吨的紫金山大型低品位硫化铜矿得到大规模开发，预计年经济效益可达1.84 亿元。该技术成本低，对环境友好，经济效益显著，可推广应用于我国低品位及偏远地区铜资源的开发。

溶浸采矿在离子型稀土矿床开采中的应用，改变了原有池浸、堆浸工艺剥、采、运工序，不开挖山体，不破坏植被，无尾砂排放，对保护生态和环境具有重大意义；并且可将表外储量和未计算之储量一并浸出，资源利用率比之前有了大幅度提高，一些矿区在采用原地浸矿工艺后，之所以出现稀土实际产量超出工业储量的"异常"情况，究其根本原因，主要是有效地回收了表外储量或未计算储量的矿量。该采矿方法目前为离子型稀土开采的推荐方法。

3. 精细化选矿技术

有色金属精细化选矿技术的进步大幅度提高了选矿作业回收率，提高了伴生金属元素综合利用率，相当于增加了可利用矿产资源储量。例如，黑白钨选矿"柿竹园法"及后续"黑白钨磁选分离-黑白钨分别浮选流程"的成功开发及应用，使得柿竹园钨选矿回收率提高了 10 百分点以上，实现了黑白钨矿资源的高效综合利用，并在国内外类似矿山推广应用；针对嵩县丰源钼业难选钼资源开发的难选钼资源高效节能清洁回收技术，实现了低品位易泥化的难选钼资源的高效、节能、清洁回收，钼回收率可提高 9.5 百分点，使以往难以利用的资源成为可利用资源，有效增强了国内资源供给能力，实现了资源综合利用效率的最大化。例如，"氧化铜矿物常温常压氨浸-硫化铜矿物浮选"联合浮选流程的成功开发，使国内难处理高钙镁氧化铜矿回收利用获得重大突破，对促进我国氧化铜矿加工技术进步的作用巨大，对全国金属储量上千万吨的氧化铜矿的开发和利用，应用前景十分广阔。

精细化选矿技术还可以降低选矿入选品位和矿山边界品位，增加可利用资源量。例如，铜的化学选矿技术可降低利用铜矿石的品位20%～40%，可使我国铜矿的可利用资源量增长2倍多；铝土矿选矿拜耳法的应用，使铝土矿的边界利用品位由铝硅比为6降低到目前的3～4（国内矿山目前处理的Al/Si大都为3～4），最终使我国总量占80%的中低品位铝土矿资源实现有效的利用。德兴铜矿通过"特大型低品位斑岩铜矿床采选综合技术"的研究与应用，使下属边界品位由0.3%下降到0.25%，此举可多回收铜金属38.3万吨和黄金28吨。

选矿水平的提高，降低了有价元素尾矿品位；尾矿综合利用程度大幅提高，提高了矿产资源综合利用率，大幅减少了尾矿排放量；新型选矿废水回用技术的推广，实现了部分矿山选矿废水全部或部分回用，有色金属矿山选矿厂废水排放量和新鲜水消耗量均大幅降低。

江西宜春钽铌矿在回收钽铌和绢云母之后，再回收长石用做陶瓷和玻璃的制作原料，基本上实现无尾矿排放。南京栖霞山铅锌矿应用"复杂高硫铅锌矿石中有价元素的高效整体综合利用新技术"成功将矿石中的有价金属全部回收，尾矿得到综合利用，选矿废水全部循环使用，真正做到了"双零"排放。

我国有许多特色多金属资源，如柿竹园钨、钼、铋、萤石矿，白云鄂博铁铌稀土矿，攀枝花钒钛磁铁矿，金川铜镍铂族金属矿，矿床储量巨大，其高效开发与综合利用关系到我国许多资源的战略安全。针对上述储量丰富、特色鲜明、地位重要的多金属资源的开发利用技术的革新，使我国多年来的开发取得了显著进展，实现了有价组分的综合回收。

攀西地区钒钛磁铁矿资源的开发利用取得了一系列重大科研成果。从选铁尾矿中攻克了选钛的技术关键，选别出优质钛精矿；发展了原生钛铁矿选矿技术；从选钛过程中同时得到硫化物精矿（含硫、钴、镍、铜、铂族元素等产品）。针对柿竹园钨、钼、铋、萤石多金属矿石的高难度分选特性，研制成功了以主干全浮流程为基础、以螯合捕收剂为核心的钼、铋等可浮，黑白钨混合浮选，萤石浮选的综合选矿技术——柿竹园法，实现了钨、钼、铋、萤石等资源的综合利用。

4. 选矿设备大型化

近几年我国选矿设备发展迅速，大型浮选机、碎磨设备、磁选设备的研发与应用都取得了突出成果，部分设备已达到国际水平。

我国自主研发的SLon立环脉动高梯度磁选机广泛用于弱磁性矿物选矿，截至2011年，已建成氧化铁矿、钛铁矿及非金属矿和稀土矿等多种类型的贫细弱磁性难选矿石的选矿生产线100多条，每年处理矿石达两亿多吨，创造了我国弱磁性铁矿、微细粒钛铁矿和多种非金属矿选矿历史最高水平[①]。

国内近几年在选矿设备大型化方面进步较大。中信重工机械股份有限公司的大型自磨(半自磨)机和球磨机、北京矿冶研究总院的大型浮选机等大型先进设备代表着相应专业的先进技术水平。

北京矿冶研究总院解决了大型化过程中粗、细粒回收效果偏差及短路概率高、泡沫输送慢等世界性难题,先后开发成功了 130 立方米、160 立方米、200 立方米、320 立方米系列大型浮选机,使我国跃入世界上三个掌握大型浮选机关键技术的国家之一,牢固确立了我国超大型浮选设备在国际选矿领域的地位。

5. 火法炼铜技术

铜的火法熔炼可分为传统熔炼法、现代熔炼法两类。传统熔炼包括反射炉、鼓风炉、电炉。现代熔炼又可划分为闪速熔炼和熔池熔炼两个分支。现代铜熔炼的共同特点如下:提高铜锍品位,加大过程的热强度,增加炉子的单位熔炼能力。闪速熔炼设备主要有奥托昆普炉、因科炉;熔池熔炼设备包括瓦纽科夫炉、诺兰达炉、三菱炉、艾萨炉、中国白银炉、水口山炉、金峰铜熔炼炉等。目前传统工艺中的鼓风炉熔炼在我国已经被淘汰,闪速熔炼和熔池熔炼法都有效地或较好地解决了传统熔炼工艺能耗高、污染严重等问题。在目前和今后一段较长的时间内,它们是世界上铜冶金的主流技术。与熔池熔炼相比,闪速熔炼操作环境好、劳动强度低、作业率高、生产潜力大、易于实现自动化控制。

20 世纪 40 年代以前,世界铜冶炼厂都是用鼓风炉或反射炉熔炼铜精矿生产冰铜,再用转炉吹炼冰铜生产粗铜。少数工厂用电炉炼冰铜,再吹炼成粗铜。50 年代芬兰奥托昆普公司开发了闪速熔炼,经过 60 年的不断改进,从热风熔炼改为富氧熔炼,氧气浓度不断提高,炉壁由淋水冷却改为铜水套冷却,强化冷却后,炉子热强度提高,单台炉子生产能力大增,获得了推广。中国现有三个闪速炉炼铜厂生产,还有一个在建设。截至 2011 年,闪速炉炼铜占全世界总产铜量的 36%。2011 年数据表明,三个产铜量最大的闪速炉炼铜厂分别是日本佐贺关冶炼厂、德国北德精炼厂、中国贵溪冶炼厂。在闪速熔炼发展过程中,波兰格沃古夫工厂及澳大利亚奥利匹克坝冶炼厂处理高品位的辉铜矿精矿直接生产粗铜。

美国犹他冶炼厂开发了闪速连续吹炼,中国的金川冶炼厂在总结镍闪速熔炼的基础上,开发了铜合成式闪速熔炼。合成闪速炉是将闪速熔炼和贫化电炉合成一个炉子,早在 20 世纪 50 年代,加拿大国际镍公司(International Nickel Corporation,INCO)开发了另一种形式的闪速炉,即 INCO 型的纯氧闪速炉,但没有大量推广,现在除国际镍公司用这种炉子生产以外,美国的海登冶炼厂也用 INCO 型闪速炉生产。

---

① 相关内容参考:SLon 立环脉动高梯度磁选机. 中国选矿网,http://www.mining120.com。

"双闪"(闪速熔炼和闪速吹炼)工艺自从 20 世纪 90 年代末在美国肯尼柯特冶炼厂投产后,经过不断的改进和完善,已经成为稳定可靠的铜冶炼组合。主要优点是吹炼过程强化,烟气量小而且衡定,SO_2 浓度高,烟气制酸设备体积小,系统密闭无 SO_2 低空污染,炉体寿命长,耐火材料消耗低,扩产空间大。熔炼炉和吹炼炉作业独立,互相不干扰,系统作业率高。存在的缺点是炉体结构较复杂,冷却元件较多,冰铜显热未能利用,难以处理固体铜料。随着"双闪"工艺引入中国,经过几年应用实践优化后,在同等产能下,该工艺的投资与其他工艺投资相比基本持平,对于大型的铜冶炼厂,具有明显优势。

20 世纪 70 年代以后,世界各国相继开发了多种类型的熔池熔炼。熔池熔炼的特点是简化了工艺流程,取消精矿深度干燥,湿精矿直接进炉,反应器和沉淀池合在一起,采用富氧空气鼓风并提高了氧的浓度。

先是加拿大的诺兰达公司开发了诺兰达炉,接着智利的国家铜公司开发了特尼恩特炉。这两种工艺大同小异,都是能转动的圆筒形炉体,侧面鼓风。

20 世纪 90 年代澳大利亚 MIM 公司(即芒特艾萨矿业控股有限公司)和 Ausmelt 公司(即奥斯麦特有限公司)开发了艾萨熔炼炉和奥斯麦特炉,这两种炉子基本上是相同的,都是竖式固定炉型。顶吹喷枪插入熔池,湿精矿制粒后从炉顶加入,艾萨熔炼炉现在已经有 4 个规模在年产 10 万~25 万吨铜的工厂在生产,其中包括中国的云南铜业公司。铜陵有色金属公司金昌冶炼厂和中条山侯马冶炼厂采用奥斯麦特炉也取得了很大的进步。

三菱炼铜法是世界上唯一的连续炼铜法。该法是将熔炼炉、贫化电炉、吹炼炉三炉呈阶梯状布置,熔炼产出的冰铜送电炉沉降分离出冰铜和弃渣,冰铜热态通过溜槽进吹炼炉吹炼。优点是最大限度地利用了冰铜的显热,设备紧凑占地小,炉体密闭,烟气量稳定,SO_2 浓度相对较高,对环境保护好。缺点是三菱炼铜法几台炉子连续作业,相互影响较大,整个系统作业率较低;吹炼操作终点很难判断,特别是在原料成分变化较大时系统很难控制;三菱炼铜法产出的粗铜含硫高达 0.7%,给后续的阳极精炼过程造成很大压力,使阳极炉的烟气中 SO_2 浓度高。

此外,中国还开发了水口山的氧气底吹熔炼法、白银炼铜法和金峰铜熔炼法。

白银炼铜法是由我国白银有色金属公司等研制单位通过十年的联合攻关研究而获得的成果,1979 年被国家正式命名。该法属于熔池熔炼范畴,它取代了原铜精矿反射炉熔炼法,并经历了空气熔炼、富氧熔炼及富氧自热熔炼三个阶段。白银炼铜法具有对原料适应性强、熔炼强度大、燃料品种要求宽松、综合能耗低、出炉烟气中 SO_2 浓度高、环境条件好等特点。白银熔炼法的主体设备是白银炼铜炉,它是一种直接将硫化铜精矿等炉料投入熔池进行造锍熔炼的侧吹式固定炉床。

铜侧吹熔池熔炼技术经过了小型试验、扩大试验、半工业试验后,目前在我国已有金峰铜业公司、江铜集团康西铜业公司及杭州富春江冶炼厂采用该工艺。金峰炉的主要特点是熔体厚度大,风口断面面积大,风口位于渣层,炉壁双侧均设置风眼,富氧空气可直接通过炉渣进入熔池进行熔炼,该法流程较短,原料适应性强,燃料适应范围广,熔炼过程铜直接回收率高,烟尘率小于1.5%,渣含铜低,熔炼炉渣含铜0.6%～0.7%,贫化电炉渣含铜可控制在小于0.47%的水平。烟气中SO_2浓度高,可达18%～32%,炉体寿命长,可达2～3年,高温部位可采用无衬铜水套挂渣保护,投资相对较小,生产成本较低。

粗铜的精炼流程主要分为火法精炼直接产精铜和粗铜经火法精炼后铸成阳极板进行电解精炼,后者为粗铜精炼的主要流程。火法精炼炉型主要有固定式反射炉、回转式精炼炉、倾动炉。反射炉是传统的火法精炼设备,炉型与熔炼反射炉相同,结构简单,操作容易,对燃料适应性强,但热效率低,操作环境差。回转炉是20世纪50年代后期开发的火法精炼设备,炉体呈圆筒形,可做360度回转,回转炉体可进行加料、放渣、出铜操作。回转炉散热损失少,密封性强,操作环境良好,机械化程度高。倾动炉是20世纪60年代在反射炉和回转炉基础上吸取了两种炉型的长处而设计的,炉膛形状像反射炉,采取了回转炉可转动的方式。倾动炉机械化程度高,冷热料均能处理,劳动生产率高,但炉体倾转时,排烟口不与炉体同心转动,密封困难,目前仅有少数再生铜(固体料)精炼厂家使用。

6. 湿法炼铜技术

现代湿法炼铜主要是从低品位矿,如氧化矿、剥离的表外矿、浮选尾矿、难选硫化矿甚至废弃的矿山中回收铜,而这些物料正是火法炼铜难以利用的原料。20世纪70年代,伴随着新型萃取剂的出现,现代湿法炼铜技术蓬勃发展起来。现代湿法炼铜是通过各种浸出方法(堆浸、生物浸出、搅拌浸出、加压浸出、地下溶浸等)将低品位铜矿石及废矿石(或铜精矿)中的铜浸取到酸溶液中,然后用特效的铜萃取剂将铜选择性地提取、富集,再用电积技术生产阴极铜的浸出—萃取—电积(L-SX-EW)工艺。

铜的湿法冶金领域涌现的方法较多。在浸出方面有直接浸出和经预处理后浸出,浸出液有选用三氯化铁、硫酸铁、氧化亚铜、含重铬酸钠氧化剂的硫酸浸出和活化浸出等。净化方法有铁矾法、水解沉淀法等。提铜方面除萃取、电积、氢还原等技术外,还有悬浮电极电解、硫化物直接电解、海绵铁置换,以及$CuCl_2$冷凝结晶等工艺。

近年来,湿法炼铜技术发展较快,尤其在处理低品位矿石、废矿石和难处理矿石方面,细菌浸出、堆浸、就地浸出、地下溶浸、溶剂萃取—电积等技术已广泛应用于工业生产。生物浸出方面，德兴铜矿废石生物堆浸于 1997 年投产，生产能力为 2 000 吨/年阴极铜，已稳定运行了 10 年，阴极铜质量达到 99.99%，紫金山铜矿于 2000 年建成了一座 300 吨/年的试验厂，后又扩大到 1 000 吨/年，2003 年开始建设 1.3 万吨/年的湿法冶炼厂，紫金铜矿大型湿法炼铜厂的顺利投产标志着我国湿法炼铜技术和规模已基本达到国际同类技术水平；在高海拔、高寒地区湿法炼铜方面，我国多宝山铜矿早在 1999 年就建设了 2 000 吨/年矿石处理量的堆浸厂，2008 年我国玉龙铜矿在 4 500 米的高海拔上建成投产了 1 万吨/年的阴极铜生产线；在高碱性脉石氧化铜矿氨浸技术方面，东川汤丹铜矿 2012 年建成 2 000 吨/年的阴极铜大厂；地下溶浸方面，1997 年我国中条山采用该工艺建成了 500 吨/年的阴极铜试验厂，后又新建了一座 1 500 吨/年的阴极铜湿法冶炼厂，地下溶浸技术不需要把矿石开采出来，不产生废水、废气和废渣，不破坏植被和生态，对那些品位低、埋藏深、不易开采或工程地质条件复杂、不易开采的矿体具有现实意义。

硫化铜精矿和氧化铜精矿焙烧—浸出—电积工艺和加压浸出—净化—电积工艺等都取得了新进展。

湿法炼铜法主要问题在于金银回收比较复杂，设备庞大，但湿法炼铜具有可处理低品位铜矿、冶炼投资费用低、建设周期短、工艺过程简单、成本低、环境污染小等特点，从长远看，湿法炼铜将是很有前途的冶炼方法。

7. 选矿拜耳法生产氧化铝新技术

我国的铝土矿资源几乎全部为一水硬铝石矿，而截至 2012 年采用该类型矿生产氧化铝的国家只有我国和希腊，占世界总产量的 8.8%，其中我国占 7%。我国针对本国铝土矿以一水硬铝石矿为主的特点，开展了一水硬铝石型铝土矿原料制备氧化铝的一系列工业技术研究，攻克了多项技术难关，通过自主创新，成功地完成了一水硬铝石型铝土矿生产氧化铝的工艺技术和装备，形成了有别于国外三水铝石生产氧化铝的工业体系。我国自主创新的科技成果主要包括选矿拜耳法生产氧化铝新技术、一水硬铝石生产砂状氧化铝技术、石灰拜耳法、强化烧结法、间接加热强化溶出、降膜蒸发、管道间接加热脱硅与常压脱硅等一系列新工艺、新技术、新装备，并将其用于生产，大大提升了氧化铝工业的国际竞争力，使我国一水硬铝石生产氧化铝工艺技术达到了世界先进水平。我国针对一水硬铝石矿进行氧化铝生产则主要采用混联法，其特点是氧化铝回收率高（大于 90%），碱耗低（90～150 千克/吨氧化铝），但是混联法生产技术装备落后、工艺复杂、投资大、成本高、能耗高，其单位产品的能耗是国外拜耳法的 2～4 倍，在直接生产成本中能耗费占 50% 以上。即使我国技术装备最先进的氧化铝生产企业，与国外 35 个冶金级氧化铝厂比较，其生产成本也是最高的，为其加权平均生产成本的 1.4 倍。与此同时，生产过程中产生大量的赤泥，其不但利用率很低而且还会造成严重的环境污染。

8. 电解铝大型预焙槽技术

对于电解铝的成本来说，除了上述的氧化铝原料以外，另外一个主要的成本因素是耗电量，这两项成本均占到整个电解铝成本的 30%～40%，电解铝行业耗电约占我国电力总消耗的 5%。近些年我国网电价格的大幅度上升，进一步削弱了电解铝企业的盈利能力。如按电价平均上调 0.10 元/千瓦时计算，国内吨铝成本即上升 1 400 多元，一些缺乏电力成本优势、年产 10 万吨以下、产业链相对较短的小电解铝企业的生存空间被大大压缩。近年来我国各电解铝厂对技术进行改进，采用低温低压铝电解、新型阴极炭块及阻流块等技术和装备，提高电流效率，大大降低了电耗。2012 年我国电解铝平均综合交流电耗 13 844 千瓦时/吨，比 2009 年的 14 171 千瓦时/吨下降了 327 千瓦时/吨。还有一些公司试图在自备电和下游深加工方面有所突破，来摆脱电解铝行业日益严峻的经营形势。

我国电解铝工业发展迅猛，自 2001 年以来原铝产量已连续十几年位居世界第一。当前我国铝工业在世界铝电解工业发展中已占据举足轻重的地位，电解铝生产工艺技术也已达到了国际先进水平。在 20 世纪后 30 年自主研发小型预焙阳极铝电解槽、引进消化 160 千安培和开发 180 千安培预焙阳极铝电解槽技术，以及 90 年代集中国内优势力量自主研究成功了当时国际最大型的 280 千安培预焙阳极铝电解槽技术的基础上，21 世纪以来电解铝技术装备进入了高速发展时期，先后迅速发展了 200 千安培、240 千安培、280 千安培、300 千安培、320 千安培、350 千安培、375 千安培生产系列预焙槽成套技术。2013 年，国际上最大型预焙槽达到 400 千安培，500 千安培及 600 千安培特大型预焙槽技术正在研发中。同时，与其相配套的技术和装备，如低温铝电解、自动控制与信息技术、烟气治理技术、阴阳电极和筑炉材料也有很大发展，我国铝电解工业技术已经进入引领世界电解铝工业技术发展的新历程。

9. 铅冶金技术

我国引进了国外所有炼铅新工艺。1985 年白银有色金属公司引进了 QSL 炼铅工艺。1999 年，云南曲靖引进 ISA 富氧顶吹熔炼-鼓风炉还原炼铅工艺，产能80 千吨/年。2003 年，西部矿业引进了卡尔多炉（Kaldo）熔炼铅工艺，产能为粗铅 50 千吨/年，2005 年建成投产，投产两年后停产至今。2006 年，云南锡业股份有限公司引进奥斯麦特富氧顶吹炼铅工艺，2010 年 5 月投产至今。

在铅冶炼技术方面，除 1985 年引进的 QSL 炼铅工艺（已停产多年）和 2006年引进的卡尔多转炉炼铅工艺（已进入工业应用阶段，但还在继续改进完善中）外，我国主要的铅冶炼方法是传统的烧结焙烧-鼓风炉还原熔炼铅、具有自主知识产权的氧气底吹熔炼-鼓风炉还原炼铅技术和引进的艾萨炉炼铅技术。现有的氧气底吹-鼓风炉还原法（SKS 炼铅法）和浸没顶吹熔炼-鼓风炉还原法（ISA-CYMG 炼铅法），采用熔池熔炼新技术替代了传统的烧结工艺，较好地解决了 SO_2 和粉尘污染问题。但鼓风炉熔炼工艺使这两种方法存在如下缺点：①高温液态渣必须先冷却铸块后才能进入鼓风炉，在鼓风炉中再消耗大量昂贵的冶金焦加热还原，造成熔体潜热的巨大浪费；②铸块、储运过程中粉尘飞扬，造成生产环境恶化。

针对替代 SKS 炼铅法和 ISA-CYMG 炼铅法中鼓风炉还原开展的液态铅渣直接还原的研究也取得了成功，已有三种工艺用于工业生产：第一种是侧吹炉供焦炉煤气加粒煤还原；第二种是用底吹炉供天然气加粒煤或碎焦还原；第三种是用侧吹炉供氧气加块煤和焦粒还原。三种方式均解决了鼓风炉还原存在的不足，能耗由 380 千克标准煤/吨粗铅降至 230～260 千克标准煤/吨粗铅，成本下降了 100～150 元/吨铅。已有 7 条生产线采用液态渣直接还原技术，其中 4 条已投产运行。

北京矿冶研究总院与河南灵宝市鑫华铅业有限公司合作，自主研发了铅富氧闪速熔炼炼铅工艺及装备，于 2011 年建成投产了年产 100 千吨铅的冶炼厂。该工艺的特点是在闪速炉熔池加焦炭还原，使渣含铅降至 8% 左右直接排至电热焦还原炉，将铅进一步还原的同时挥发锌，在此情况下入炉物料含铅26%～35%，取得了弃渣含铅含锌均小于 2%（最低小于 1%）、含银小于 6 克/吨、含金小于 0.1 克/吨、含铜小于 0.1%、铅回收率 98.5%、金银回收率 99.5%、伴生铜回收率大于 85%、伴生锌回收率大于 90%、总硫利用率大于 98% 的国际领先指标；包括还原贫化电炉挥发锌的能耗在内，吨粗铅综合能耗 213 千克标准煤，降低了 60% 以上。铅富氧闪速熔炼炼铅法由于融合了富氧闪速强化熔炼脱硫、炽热焦滤层高效还原和电炉强制搅拌还原等过程，不仅大幅拓展了含铅物料的适用范围，使低品位铅矿、二次铅物料的经济利用成为现实，淘汰了烟化炉，而且大幅降低了铅冶炼系统的综合能耗，有效解决了铅冶炼的污染，形成了清洁、高效、短流程、高适应性、伴生金属回收率高的直接炼铅新工艺。

江西铜业公司和株洲冶炼厂先后购买了意大利基夫塞特（Kivcet）铅许可证，各建一家年产 100 千吨的冶炼厂，2011 年基建都已接近竣工。

10. 锌冶金技术

硫化锌精矿的冶炼分为火法和湿法两大类，湿法炼锌是当今世界上最主要的炼锌方法，其产量占世界总锌产量的 85% 以上。近几年世界新建和扩建的锌冶炼厂多采用湿法炼锌工艺。

1）火法炼锌技术

火法炼锌工艺主要有竖罐炼锌、电热法炼锌、密闭鼓风炉熔炼法（即帝国熔炼法）(ISP)炼锌等。竖罐已基本被淘汰。电炉法炼锌电耗较高，仅适用于建在电价低廉地区，且适于小规模生产。同时该法要求锌精矿中锌品位在50%以上，精矿含水不得超过8%。密闭鼓风炉熔炼法是到目前为止，仍具有一定生命力和竞争能力的火法炼锌方法。该法最大的特点是适应性强，可处理多种铅锌原料，尤其适合处理难于分选的铅锌混合矿，将铅锌两条冶炼流程合二为一，在同一台炉子中同时产出铅锌两种产品，简化了工艺流程，降低了生产成本，易于实现自动控制。该法生产能力大，建设投资少，锌铅的回收率均可达90%以上。但该法需消耗大量优质焦炭，对技术条件要求较严格，炉内部和冷凝器内易结瘤，炉龄较短。

2）湿法炼锌技术

根据处理工艺的不同，湿法炼锌可分为传统湿法浸出、加压氧化浸出和常压富氧浸出三大类，目前我国多采用传统湿法浸出工艺。

（1）传统湿法浸出工艺。锌精矿传统湿法浸出工艺流程主要包括沸腾焙烧—浸出—净化—电积。锌精矿经焙烧后，在60℃～70℃下进行浸出，终点pH控制在5.0～5.2，溶液含杂质较少，直接送净化工序除杂处理。净化一般分为三段，一段锌粉置换除铜镉，二段锌粉置换沉钴镍，三段深度净化除杂。第三段净化渣返回一段净化工序，铜镉渣送镉回收工序，钴镍渣堆存后出售。净化后的溶液采用电积法生产阴极锌。

由于浸出渣含锌20%左右，为了提高锌回收率，需要进一步进行处理。根据中性浸出渣处理方法的不同，又分为常规浸出法（回转窑或烟化炉挥发法）和热酸浸出法（热酸浸出-黄钾铁钒法和热酸浸出-针铁矿法）。

常规浸出法即采用回转窑或烟化炉在1100℃左右还原挥发生产氧化锌，氧化锌经脱氟氯、酸浸后返回中性浸出工序。该技术较为简单，易于操作，锌总回收率可达92%～95%，运用此项技术后，渣含锌可降至1.6%左右。

热酸浸出-黄钾铁钒法即为将中性浸出渣在85℃～95℃下浸出，控制终酸30克/升以上，锌的浸出率达到97%以上，溶液含铁高达20克/升，经黄钾铁矾法除铁后溶液中铁含量降至1克/升以下。

热酸浸出-针铁矿法是比利时老山公司研究成功并于1970年开始应用于工业生产的，与黄钾铁矾法相比，该法渣量较少，渣含铁高，便于回收利用，渣含锌低，损失较小。但该法较难控制，不容易掌握，工厂实际中应用较少。

（2）加压氧化浸出工艺。加压氧化浸出实现了硫化矿的直接浸出，锌精矿在高温高酸下进行富氧浸出，锌浸出进入溶液，硫以硫黄的形式进入渣中。1981年，加拿大舍利特-高尔登（Sherritt-Gordon）公司与科明科（Cominco）公司联合在Trail建立了第一家硫化锌精矿的加压酸浸厂。该厂将加压浸出法与焙烧-浸出系统结合使用，采用一段锌精矿加压浸出技术。之后，安大略省的基德-克里克（Kidd-Greek）矿冶公司和德国的Ruhr Zink厂分别于1983年和1991年建成投产，设计日处理量分别为 100 吨和 300 吨锌精矿。

第四家使用加压氧化浸出工艺的则是弗林-弗隆的哈得逊湾矿冶公司，其于 1993 年 7 月建成投产。该厂是世界上第一家锌精矿两段加压浸出冶炼厂，也是世界上第一个独立使用加压浸出技术的工厂，完全取消了传统锌冶炼系统，该厂处理的原料除锌精矿外，还有原来堆存的铁酸锌渣。2003 年第五座氧压浸出工厂在哈萨克斯坦的巴尔哈什建成，该厂采用两段加压浸出处理含铜锌精矿，生产能力为 10 万吨/年阴极锌，但后由于经济等原因关闭。

2008 年深圳市中金岭南股份有限公司凡口金狮冶化厂引进锌精矿两段逆流加压浸出技术处理富含镓锗锌的精矿，在回收锌的同时综合回收镓、锗、硫等有价元素，设计规模为年产电锌 10 万吨，并于 2009 年建成投产，2011 年已基本达到设计指标要求。另外，新疆鄯善县华源通盛锌冶炼厂已经投产，西部矿业 10 万吨锌项目正在建设中，两家均采用了两段逆流加压浸出技术。另外，国内其他企业也完成了科研、设计工作。

近些年来我国针对锌精矿加压浸出技术进行了大量研究工作，在加压浸出技术处理高铁、高硅物料，以及铟、镓、锗综合回收方面取得了一定的进展。北京矿冶研究总院近些年提出了最小化学反应量原理，将加压浸出与传统工艺流程有效联合，以减少铁渣等的产出，提高铅、锌等金属的综合回收率。

(3) 常压富氧浸出工艺。常压富氧浸出是芬兰奥托昆普近年开发的锌精矿冶炼新技术，该法在帕丘克槽中进行锌精矿浸出，通过在常压下达到加压浸出的效果，来实现锌精矿的直接浸出。该工艺的特点是用常压浸出设备代替加压浸出设备，但反应时间较长。目前该技术均与焙烧-浸出-电积系统结合使用。

芬兰科科拉厂分别于 1998 年和 2001 年建设了两座产能为 5 万吨锌/年的富氧常压浸出系统。挪威欧达厂于 2004 年建设了一座产能为 5 万吨锌/年的富氧系统。第三家是韩国锌业公司温山冶炼厂，其于 1994 年建设，产能为 20 万吨锌/年。

我国株洲冶炼厂原主工艺流程为沸腾焙烧—回转窑挥发法，2009 年引进了芬兰 OUTOKUMPU 硫化锌精矿富氧常压直接浸出技术，除处理锌精矿外，还搭配处理老系统中产出的锌浸出渣约 16 万吨/年，设计规模为年产电锌 13 万吨，其中锌精矿中锌 10 万吨，锌浸出渣中锌 3 万吨。锌设计总回收率为 97%，铟回收率 85%。

11. 铝及铝合金热连轧生产技术

在铝加工领域，我国铝加工业已经形成完整的产业体系，铝材品种齐全，管、棒、排、型、线、板、带、箔、粉、膏、锻件等均可实现规模化生产。2011 年我国铝材产量为 2 345 万吨，同比增长 20.58%，再创历史新高，变形铝合金牌号达 273 个，各种铝材规格丰富，达到数万种，基本满足国内各种需求。2011

年我国铝材出口量达到299.27万吨，同比增长超过37.66%，出口量最多的品种是铝板带材，出口量为141.52万吨，占总出口量的47%。铝型材和铝箔出口量也较大，且与2010年相比，所有铝材品种出口量都有不同幅度的增加。在深加工方面，作为中铝公司铝加工企业中的佼佼者，西南铝是目前国内规模最大、技术装备最先进、品种规格最齐全的综合性特大型铝业加工企业，近年来在铝加工方面不断取得新成果。例如，通过自主设计、集成创新建成我国首条具有世界先进水平的铝及铝合金现代化热连轧生产线；开发的具有自主知识产权的热连轧生产工艺与技术，获授权专利12项，产值超156亿元。此外，西南铝还率先对制罐料、印刷用PS及CTP版基材、轨道交通用铝材等开展工艺技术研究和产业化开发，成为国内唯一获得波音公司和空中客车公司认证的合格供应商，是将"中国创造"向世界航空业的高端延伸。

12. 高性能镁合金材料及应用技术

在镁合金领域，金属镁及其合金是迄今在工程中应用的最轻的结构材料，目前已经形成高品质镁合金生产、镁合金关键装备与工艺、产品生产及产业化环境与示范基地建设的一条完整的产业链。在装备方面，已开发出具有自主知识产权的160吨、400吨，冷室630吨、1600吨、2000吨系列镁合金专用压铸机以及镁合金熔炉系统等辅助装备；正在研究及开发的高性能镁合金材料及应用技术主要包括耐热压铸镁合金及其应用技术、高性能变形镁合金及其应用技术、镁合金先进焊接技术、镁合金冲锻成型技术、镁合金锻造轮毂技术、先进轻武器材料技术等。已成功开发了用于汽车轮毂的高强高韧铸造镁合金、镁合金轮毂低压铸造生产技术，变形性能优于现有镁-铅-铟系合金的新型镁合金、板材和中空薄壁型材加工技术。在应用方面，重庆镁业已开发出六类摩托车镁合金配件并已批量装车，使新型摩托车性能大大提高；青岛金谷镁业已开发出八类3C产品，为海尔集团(简称海尔)、康佳集团(简称康佳)、摩托罗拉移动控股公司(Motorala Mobility Holding, Inc.，简称摩托罗拉)等国内外大企业提供配套。中国第一汽车集团(简称一汽)、东风汽车公司、长安汽车股份有限公司(简称长安)等大型企业集团也开发出多种镁合金汽车零部件并已实现部分装车试验，为镁合金在汽车上大规模的应用打下了坚实的基础。此外，镁合金型材、管材，也在航空航天等尖端或国防领域得到应用。

(二)经验及启示

纵观人类有色金属开发利用的历史，从人类最初对有色金属开始利用至20世纪中后期以来，炸药、蒸汽机、发电机等每一次人类历史的巨大进步，均带来了有色金属开发与利用效率的飞跃式提升，可以说，在这一历史时期，"高效"是行业主题。高效的有色金属开发技术满足了人类社会发展对有色金属持续性增长的需求;自 20 世纪中后期以来,有色金属的开发与利用已经进入现代化生产阶段,已基本可以满足社会发展对资源与材料的需求。在这一阶段,有色金属行业已不能只单纯追求"量的增大",而是需要更重视"质的提升",尤其是在生态环境逐渐脆弱与人类进入数字化时代的大背景下,有色金属行业在追求"高效"的同时,应更加注重"高效"、"清洁"与"智能"的兼顾。可以说,有色金属行业技术主题已由单一的"高效"转向"清洁"、"智能"与"高效"协同发展。

(1)行业产业链始端,原料的变化给新技术的开发提出了更高要求。随着有色金属资源多年来的持续开发,目前世界范围内有色金属资源品质变差的趋势愈加明显,埋藏更深的矿石开采、贫细杂矿石的选冶已成为制约行业发展的瓶颈,目前有色金属采选冶领域不断优化现有技术,维持开发利用水平。在社会发展对有色金属原料持续增长的需求与地球资源品质持续下降的夹缝中,有色金属开发领域或许需要提出新的颠覆性思想。

(2)在产业链流程中,必须持续关注提高资源利用率、节能环保与智能控制。有色金属是能耗、水耗和污染大户,是直接影响资源、能源、环保、生态的重要行业。作为重要的基础产业,有色金属行业将继续存在,其作为战略性新兴产业体现为节能、减排、清洁生产、智能化、绿色化。必须将提高资源利用率、节能环保与智能控制的主体全方位融入贯穿有色金属行业产业链的地、采、选、冶、材各方向中,进行有色金属行业的绿色化转型,构建集成、多元的产业体系,并将综合利用、清洁生产、节能减排与智能控制作为有色金属行业技术开发的主题。

(3)行业产业链终端,市场需求是新产品研发与应用的主要驱动力。工业的发展促进了对新材料的需求,正是市场的需求促进了新的金属不断投入使用。由于社会发展对高性能材料的需求,继钨钢(后来发展为高速工具钢)之后,相继出现了高锰耐磨钢和锰钢,接着又出现了轰动工程界的镍钢和耐蚀铬钢(见不锈耐酸钢)。同样,由于社会发展对材料需求量的增加,出现了电解铝的廉价生产技术,经过将近一个世纪,铝已成为用量仅次于铁的第二大金属。目前,社会发展日新月异,对有色金属材料提出了更高端、更新颖、更有针对性的需求,将驱动有色金属材料向前发展。

三、石　　化

(一)重大影响的技术发展历程

随着科学技术的不断进步、交叉学科的不断发展及第二次世界大战的刺激,世界石化工业在 20 世纪 50 年代得到了迅速发展，进入了大规模发展时期。世界石化工业已形成规模庞大的现代工业体系，2012 年世界炼油厂数量达到 655 座，炼油能力达到 46 亿吨/年，乙烯生产能力达到 1.43 亿吨/年。

在石化工业的发展过程中，催化裂化技术、乙烯蒸汽裂解技术及聚烯烃Z-N催化剂等对石化工业的发展产生了重大影响。

1. 催化裂化技术

20 世纪 40 年代，为了增产汽油和提高汽油辛烷值以满足第二次世界大战的需要，炼油工业开始由热加工向催化加工转变。法国工程师胡德利（Houdry）发明了用活性白土做催化剂的固定床催化裂化工艺，并于 1936 年实现工业化。这是炼油工业发展中的一项重大突破。1942 年和 1943 年世界第一套流化床催化裂化装置和第一套移动床催化裂化装置先后在美国建成投产，从此掀起了建设催化裂化装置的高潮。

20 世纪 60 年代中期，沸石催化剂的发展，使催化裂化技术向提升管反应器方向发展。进入 70 年代，石油资源日趋紧张，原油价格不断上涨，原油密度和含硫量不断增加，为了加大原油加工深度、提高资源利用率，催化裂化技术和催化剂研发工作不断深入，加工原料从单纯的石蜡基原油减压蜡油（vacuum gas oil，VGO）发展成为重质和劣质原料，标志着重油催化裂化技术的诞生。重油催化裂化技术的发展，大幅度提高了石油资源的利用率和汽油、柴油的产量，有力地推动了炼油技术向深度加工发展，进一步提高了炼厂的经济效益。后来，为了提高催化裂化油品质量，满足日益严格的环保要求，增加丙烯等化工原料产量，催化裂化技术不断创新，新出现了最大量生产丙烯的深度催化裂解工艺（deep catalytic cracking，DCC）、降低催化裂化汽油烯烃含量的多产异构烷烃催化裂化工艺等，形成了催化裂化家族系列技术。

2. 乙烯蒸汽裂解技术

20 世纪 50 年代，在裂化技术基础上开发了以制取乙烯为主要目的的烃类水蒸气高温裂解（简称裂解）技术，裂解工艺的发展为发展石油化工提供了大量原料。同时，一些原来以煤为基本原料的产品陆续改为以石油为基本原料，实现了由煤化工向石油化工的转换，完成了化学工业发展史上的一次飞跃。

乙烯裂解技术工业化初期，主要原料为乙烷和丙烷。进入 20 世纪 60 年代，随着三大合成材料（即塑料、合成橡胶和合成纤维）的快速发展，仅以乙烷和丙烷为裂解原料远不能满足市场对烯烃的需求，裂解原料开始向液体原料发展。在此期间，围绕各种类型的裂解方法开展了广泛的研究工作，开发了多种管式裂解炉和多种裂解气分离流程，使乙烯收率大大提高、能耗下降。

20 世纪 60 年代末以来，乙烯工业界以提高裂解制乙烯的选择性和收率为重

点发展裂解技术。经过不懈努力，管式炉裂解乙烯收率从早期的 20％增加到 80
年代的 30％～33％(以石脑油为裂解料)。70 年代中期，原油价格上涨，促使乙
烯工业以提高裂解能量效率为中心，使乙烯裂解技术的综合能耗达到新的水平。
进入 90 年代后，开发重点又转移到降低乙烯装置建设投资上。装置大型化可降
低单位产能的投资，乙烯装置的规模从 50 年代的小于 10 万吨/年，上升到 60 年
代的 30 万吨/年、70 年代的 30 万～50 万吨/年、80 年代的 45 万～80 万吨/年、
90 年代的 60 万～100 万吨/年，2012 年新建乙烯装置规模均在 100 万吨/年以
上。在装置大型化的同时，单台裂解炉产能不断提高。截至 2012 年，单台气体
裂解炉年产能达 35 万吨以上；单台液体裂解炉年产能达 20 万吨以上，有的甚至
高达 28 万吨/年。

为了适应生产大型化的要求，工程技术迅速发展并带动了相关技术的发展。
在工艺技术发展的同时，解决了诸如大型压缩机组、大型反应器、挤压机组、高
效传质传热设备等大型石油化工专用设备的设计及制造技术，解决了耐高温、耐
低温、防腐蚀及自动控制等技术。

20 世纪 80 年代以后，以信息技术为代表的高新技术迅速崛起，特别是计算
机和网络技术的迅猛发展，使信息技术向石油化工快速渗透，先进控制技术(ad-
vanced process control，APC)在乙烯装置上的应用明显提高了单炉裂解深度、
乙烯收率，降低了装置能耗，延长了裂解炉运行周期，最终提高了乙烯产量，增
强了乙烯装置的竞争力。

3. 聚烯烃 Z-N 催化剂体系

自 1957 年世界第一套聚丙烯(polypropylene，PP)装置实现工业化生产，到
2011 年世界聚丙烯生产能力已达到 9 850 万吨/年。在聚丙烯生产能力高速发展
的进程中，Z-N 催化剂体系的研究发挥了先导作用，催化剂的持续进步促进了聚
丙烯生产工艺技术的不断改进、发展和成熟。

20 世纪 50 年代发明了第一代 Z-N 催化剂，当时催化剂活性为 0.8～1.2 千
克聚丙烯/克催化剂，低催化活性使聚丙烯中的钛和氯的含量较高，等规度不够
高(90％～94％)，生产工艺需要附加脱无规物和脱灰工序。60 年代开发出了第
二代 Z-N 催化剂，在第一代催化剂的基础上，在制备催化剂时加入醚类化合物
作为给电子体，使催化剂活性提高到 10～15 千克聚丙烯/克催化剂，聚丙烯等规
度也增加到 94％～97％，生产工艺中已不需要脱无规物工序，但是仍然需要脱
灰工序。70 年代开发出了第三代 Z-N 催化剂，主要特点是负载化，这是 Z-N 催
化剂制备技术的一次突破，使催化剂活性高达 15～30 千克聚丙烯/克催化剂，负
载化使每克催化剂中含有的钛重量降到 2％～4％，聚丙烯等规度为 90％～95％，
不需要脱灰工序，但是需要脱无规物工序。80 年代开发出了第四代 Z-N 催化剂，
技术发展的核心是载体制备技术及给电子体的改进，使催化剂活性提高到 30～

60 千克聚丙烯/克催化剂，聚丙烯等规度提高到95%～99%，聚丙烯生产已摆脱了脱灰工序和脱无规物工序，工艺大大简化，并可生产均聚聚丙烯、共聚聚丙烯和嵌段共聚聚丙烯等多种产品。90 年代开发出了第五代 Z-N 催化剂，技术进步主要围绕内外给电子体展开，尤其注重通过内给电子体的改进，使催化剂活性提高到 80～120 千克聚丙烯/克催化剂，聚丙烯等规度为 95%～99%，并可生产出具有特殊性能的聚丙烯新牌号。

(二)成功经验及启示

从上述具有重大影响的石化技术发展历程，可以得到如下成功经验和启示。

1. 重大技术研发需要紧紧围绕市场需求

为满足第二次世界大战对汽油的需求，炼油工业从热加工向催化加工转变，催化裂化技术应运而生。第二次世界大战后的经济复兴，促进了合成树脂需求的快速增长，但是由于催化剂效率较低，当时的聚烯烃产量难以满足市场需求。20 世纪 50 年代以后，随着 Z-N 催化剂的问世并不断完善，催化剂效率成指数倍提高，大大缩短了聚合工艺流程，大幅提高了聚烯烃产量，满足了市场不断增长的需求。这说明，新技术研发需要把握时代潮流，以市场需求为导向，立足于突破和掌握关键核心技术，突出创新驱动；同时要根据市场需求变化，不断进行改进和完善。

2. 重大技术研发需要顺应原料的变化

乙烯最初是由乙醇脱水制取的，由于当时乙醇由粮食生产，工艺路线不合理，产品产量又受到限制，因此阻碍了该工艺的发展。20 世纪初，随着炼油工业的兴起，产生了越来越多的乙烷、丙烷等炼厂气，于是 1919 年联合碳化物公司研究了乙烷、丙烷裂解制乙烯的方法，随后林德空气产品公司从裂解气中分离乙烯，并将乙烯加工成化学产品，从此开启了石油烃类蒸汽裂解制乙烯的时代，并使一些原来以煤为原料生产的产品转为以石油为原料，完成了世界化学工业发展史上的一次原料革命。这说明，新技术研发需要充分考虑原料的变化和来源，只有有充足的原料供应，生产的产品才具有成本优势，开发的新技术才具有旺盛的生命力。

3. 重大技术研发需要注重提高资源利用率

19 世纪末炼油工业生产的油品中，只有煤油用于照明，而汽油和柴油只是作为"废料"。20 世纪初，汽车发动机和柴油发动机相继问世以后，由于汽车工业突飞猛进的发展及第一次世界大战的刺激，汽油和柴油需求量激增，仅从原油蒸馏生产汽油已经远不能满足需求，于是 1913 年伯顿发明了液相裂化工艺，使石油馏分在一定的压力和温度下进行热裂解以生产更多汽油，后来又开发出了催化裂化技术。20 世纪 80 年代，随着石油资源的日趋紧张和原油价格的不断上涨，又开发出了重油催化裂化技术，同时将作为燃料的重油进行深度加工，增产汽油和柴油，提高资源利用率，满足市场不断增长的需求。这说明，新技术研发需要充分考虑所用原料的经济性，注重提高资源利用率，只有这样才能不断降低生产成本，增加经济效益。

4. 重大技术研发需要重视节能环保

无论是催化裂化技术，还是乙烯蒸汽裂解技术，之所以成为世界石化工业史上具有重大影响和里程碑意义的技术，且仍有旺盛的生命力，就是因为这些技术在开发和发展过程中，基本上都是以当时的廉价资源为原料，有市场需求的产品，提高了资源利用率，降低了成本，保护了环境，从而实现了节能减排和绿色低碳发展。当今世界，为转变发展方式、有效应对气候变化、保护生态环境，发展低碳经济和循环经济已成为一种重要趋势。研究开发重大技术必须顺应这一潮流，重视节能减排、环境保护，否则就难以实现可持续发展。

四、化 工

20 世纪 90 年代以来，经济全球化进程加快，技术经济环境压力逐年增大，国际竞争日趋激烈，化学工业环境发生了巨大的变化，促使世界化工行业纷纷进行产品、产业结构和经营战略性的调整，主要表现在以下几个方面。

(一)重化工业生产转向发展中国家

当今世界各地区间科学技术的差距造成了化工产业按技术层次区分的发展结构。由于环保压力、运输和劳动力价格等因素，技术密集型产业向发达国家转移，劳动密集型产业向发展中国家转移，初级化工产品、大宗石化产品及传统化工产品正在向拥有广阔市场、丰富原料和廉价劳动力的发展中国家转移。由于环保要求低，资源和劳动力相对廉价，亚洲地区作为国外很多大公司生产转移的首选地区，逐步发展成为化工生产及消费增长最迅速的地区。

国外发达国家这一转移趋势为中国等发展中国家提供了经济发展的机遇，也带来了资源过度消耗和环境污染加重的危机。我们要在经过环境、市场和技术、经济收益的全面平衡后，抓住机遇，有选择地接受大型化工生产装置的转移，同时进行重化工业技术改造创新，淘汰污染严重及落后技术，实现技术、产品和产业体系的升级，减少高能耗和高物耗产品出口。

（二）向高新技术和高附加值产业转移

精细化率是衡量一个国家化学工业发展水平的重要指标之一，预计21世纪化工产品的精细化率将进一步上升。所有工业发达国家均把发展精细化工作为调整化学工业产品结构的战略重点之一，其中新材料已经成为推动科技进步、培植新的经济增长点的重要发展方向，使世界化工技术革新速度进一步加快。国外大型化工公司已经纷纷将精细化工作为发展重点，并将其核心产业向精细化工和高新材料方向转移。而我国精细化工基础比较薄弱，多数产品在质量和价格上缺乏竞争力，随着全球经济一体化进程加快和我国的进一步对外开放，我国新领域精细化工面临严峻的挑战。

我国应在国家产业政策指导下，按高起点、参加国际竞争和持续快速、健康发展的要求，以市场需求为导向，强化自主创新，以突破核心技术为重点，开发环境友好工艺，不断实现精细化工产品的功能化、高性能化、专用化、产业化和高附加值化，以经济效益为核心，满足相关行业的需求，使我国新领域精细化工由平面数量型扩张向质量效益型发展模式转变，努力满足相关行业优化升级的需要。作为战略性新兴产业的微化工，致力于打造升级版桌面化的反应平台，在纳微级尺度强化化工反应过程，提升产品纯度及精细程度。

（三）发展规模经营，集约化效应

以跨国公司为主导的结构调整成为世界经济国际化、区域经济一体化的重要力量。近些年，国际上知名大型化工公司的资产重组活动愈演愈烈，通过出让、收购、联合、兼并等形式，将技术、销售、管理等不同优势合并，提高效率，降低成本。通过大型国际企业实现行业控制并占领市场，大幅提高市场竞争力。其并购趋势是从多元化发展转向专业化发展，收缩经营范围，放弃弱项，加强核心产业，使其在某一领域的垄断地位进一步加强，并开始逐步退出低附加值、污染严重的传统化工领域。1991~1997年，美国杜邦公司进行了6次较大的改组。汽巴嘉基和山德士联合成立的诺华公司，2000年又与英国的捷利康合并成立先正达公司，成为世界农药工业的巨头。大型跨国公司的这种调整，使其在一些领域里垄断性更强，也使国内企业与其差距进一步加大，给国内企业带来巨大压力。

这种国际化工资产重组的浪潮对我国化工企业带来了不小的冲击。目前我国化工企业规模较小，化工企业要按照市场取向和规模经济的原则，通过资产合并、兼并和股份制等形式发展跨地区、跨行业、多种经济成分联合乃至跨国经营的企业集团，提高产业的集中度。产品或工艺技术相近的化工企业、原材料或中间体生产企业与后加工企业，要发挥优势企业的龙头作用，通过平等竞争和合并、兼并、相互持股等方式进行自主联合或重组，合理地运用现代管理与技术，推动资产重组，以优化结构，提高规模经济效益，更好地满足市场需求和维护公平竞争秩序，以应对国外市场的冲击。

（四）加强技术创新研发

化学工业既是技术密集型产业，也是资金密集型产业，工业发达国家无论是政府还是企业都十分注重对化学工业技术创新的投入。技术创新已经成为 21 世纪化学工业国际竞争力的一个决定性因素。国外发达国家在化学合成、生物技术、材料技术、过程控制、信息集成技术等化工最新领域投入大量资金，进行科研开发，并与企业密切合作，推动高新技术产业化进程。国外大型化工公司一般在研究与开发方面的投入都占到全年销售额的 8% 左右，而且逐年增加。

我国应结合国情，在创新研发基础上，采取开发与改造相结合、创新与引进相结合的原则，努力促进产业结构优化、技术升级；促进科技与经济结合，实现经济增长方式的转变，加快科技成果转化和科技经济一体化。化工科研部门要集中力量，围绕对国民经济影响重大、长期制约化学工业发展的关键技术进行突破，缩短与国际先进水平的差距。要坚持把开发大型成套技术放在首位，坚持把科技攻关与引进技术的消化吸收创新国产化结合起来，坚持把工艺技术开发和设备研制结合起来。要加快组建一批技术过硬、装备精良的工程技术开发中心。要加强科技成果的推广，加大力度，重点对量大面广、能带动化工整体技术进步的重大技术成果进行推广。基于我国多煤少油的资源特点，煤化工的各项新兴技术都有了不同程度的突破，对石油化工产品也具有替代的战略意义。

（五）生态化及可持续发展

可持续发展是当今世界各国普遍关注的焦点问题。化学工业不仅能源消耗大、废弃物量大，同时也是需求旺盛、发展潜力巨大的行业。随着可持续发展概念的提出和深化研究，经济、社会、资源和环境协调一致的可持续发展已成为化学工业发展的重要主题。很多发达国家已经在清洁生产、绿色化学、污染防治等方面开展工作，美国 1996 年起设立总统绿色化学挑战奖，日本 2002 年起设立绿色和可持续发展化学奖，其中对环保和安全技术非常重视，力争从"末端处理"转向"生产全过程控制"，从根本上减少化工过程对资源的消耗和对环境的污染。

这一趋势，将促使我国化学工业既要注重当前竞争能力的提高，更要注重可持续发展能力的提高。因此，需要注意以下四个方面：首先，努力在化学产品生命周期的各个阶段通过节约能源和不可再生资源，最大限度地提高资源、能源利用效率。其次，我国要加强化工环境保护工作，加快"三废"治理步伐，研发化工生产中节能降耗和废物综合利用的先进技术措施，循环、回收利用废物并妥善处理，处置生产中产生的废弃物。再次，开发和推广先进实用的环保技术，通过推行清洁生产，从源头削减废物和污染物的产生，开发、设计出耐用的、能重复使用和环境友好的化学产品及绿色替代工艺，取缔对环境影响严重的化学品，重视资源的高效利用。最后，建立完善企业安全生产和环境管理制度，开展化学品危害鉴别和风险评价，散发化学品安全信息，实现化学品环境无害化管理。

五、建　材

(一)注重节能环保，提倡可持续发展

国外先进建材生产企业的发展之路是遵循可持续发展之路。以日本水泥工业为例，1991年，日本新型干法水泥比例就达到了97.4%，低温余热发电技术得到普遍推广，水泥生产电耗十年间降幅达16%，余热发电量占电能总耗的比例也由26.4%提高到41.4%。日本水泥企业大力推行废弃物综合利用，消纳大量诸如工业废弃物、废轮胎、废塑料、下水道污泥等废弃物，吨水泥利废量从2002年的361千克提高到2010年的450千克。至2012年，日本几乎所有的水泥企业都将工业废弃物和城市垃圾用于水泥配料或替代燃料。截至2010年，世界上至少有100家水泥厂用可燃废弃物替代燃料，个别水泥厂代替比率高达80%(姚燕等，2010)。

欧美、日本等国家和地区的污染物排放相关标准也非常严格，如德国要求从2013年起，水泥行业新建厂和有重大改进的老厂NO_x执行200毫克/标准立方米的新排放标准，而德国这一严格标准的出台是建立在本国NO_x减排技术高度发达的基础上的(顾军和何光明，2012)。美国2013年发布实施的处置有害废弃物水泥窑炉污染物排放限额，对新增排放源也提出了非常严格的标准。

(二)通过创新始终占据工艺技术发展最前沿

纵观近几十年来的世界建材工业发展，通过技术创新在战略性工艺技术领域做出突出贡献的国家，至今依然在世界建材工业占据优势地位。

新型干法水泥生产工艺是水泥生产的一次重大变革，由德日两国最先开发完善，并逐渐推广开来。1951年，德国洪堡公司制造出世界上第一台带四级旋风预热器的水泥回转窑(即悬浮预热器窑，简称SP窑)。日本石川岛播磨重工业株式会社于1971年成功开发出预热分解窑(简称NSP窑)。自此，新型干法工艺两

大核心技术(悬浮预热、预分解)完成。随后,在德日两国的引领下,新型干法工艺在烧成系统、配套设备方面不断优化,技术指标得到很大改进,德日两国的高效燃烧器、节能粉磨、污染物末端处理的工艺配套装备处于世界领先水平。

在新型干法工艺成熟发展之际,日本水泥工业界又开始了全新的探索,即利用沸腾煅烧技术生产水泥熟料。目前,这一工艺尚有技术瓶颈未突破,仍在探索之中,但日本显然已经站在水泥生产工艺研究的最前沿,当这一工艺技术完善推广时,日本又将引领水泥工业的一次大发展。

(三)产业链延伸促进各项业务协同发展

多年以来,很多世界知名水泥企业一直奉行多种经营策略,围绕水泥产业,开发了多种上下游产品,并以此作为挺进海外市场的产品。世界著名的建材企业拉法基集团,除了拥有全球庞大的水泥业务外,水泥上下游集料与混凝土业务也位居世界前列。建材工业的服务化转型在国外也初见端倪,如拉法基除了销售产品,还为客户提供创新产品和解决方案以推进建筑领域的发展。

(四)着力推进高性能、新品种产品的开发

国际先进企业注重高性能、新品种产品的开发。例如,著名的拉法基集团于1980年最先开发出高性能混凝土,1998年开发出超高性能混凝土,2000年最先将自密实混凝土投放市场,2007年开发成功无裂缝混凝土路面,2009年开发出一系列保温混凝土产品(王志伟,2011)。此外,拉法基集团还研发了新型水泥与碱激发胶凝材料。创新之路使其始终走在国际建材前列。又如,国外企业致力于特种玻璃、功能玻璃的研究开发,在超薄、超厚、在线阳光膜玻璃,Low-E玻璃,透明、导电、氧化物镀膜(transparent conducting oxide,TCO)玻璃,以及自洁净、本体着色、微晶、防火、超白太阳能等新品种的生产制造方面具有雄厚的实力,远远优于我国。代表世界玻璃制造先进水平的旭硝子、板硝子、圣戈班、加迪安四大跨国企业,深加工已经实现一体化,浮法玻璃原片有半数供应本企业的深加工制品,而且深加工产品实现了多样化和系列化。

(五)信息化与工业化紧密结合

以流程制造为特征的建材工业,涉及多种工序、大量机械设备,随时都会反馈出大量信息并需要得到即时处理。欧洲、美国、日本等国家和地区在完成机械化的基础上,结合计算机技术,开发配套应用软件,实现了建材流程制造的中控管理,生产效率得到了大幅提高,也为新型技术装备的应用铺平了道路。

六、造　纸

国外制浆造纸工业有突破性影响的新技术的研发和应用，已对全球行业技术的提升起到至关重要的作用。

（一）木材处理技术

常用的木材处理技术有湿法剥皮技术和干原木剥皮技术（dry debarking）（即干法剥皮技术）。湿法剥皮技术耗水量为3～10立方米/吨（纸浆），且树皮中的树脂酸、脂肪酸、色素等有机物易于进入剥皮废水而造成污染。而干法剥皮技术仅在清洗原木过程中消耗水量0.5～2.5立方米/吨（纸浆），所得到的树皮水含量低，既有利于随后的加工处理，又可以减少木材处理过程中的水、电消耗，并可减轻环境污染。此外，干法废水的生化需氧量（biochemical oxygen demand，BOD）和COD值明显低于湿法废水，其中干法废水的COD最低值仅为湿法废水的1/10。目前欧洲和北美很多纸浆工厂已使用了该项技术。

（二）深度脱木素技术

深度脱木素技术有助于提高脱木素选择性，减少纤维素降解，提高纸浆强度，明显降低漂白废水中可吸收有机卤化物（absorbable organic halogen，AOX）、BOD、COD和色度。目前较为先进的有如下三种技术。

（1）CC（compact cooking），即紧凑蒸煮技术。把蒸煮器中的抽出液重新送回到蒸煮器的浸渍段，使原料在初始及蒸煮过程中尽可能地保持较高的OH^-（即氢氧根离子）和HS^-（即硫氢根离子）浓度，由此提高脱木素的选择性。该项技术可以使预浸过程与蒸煮过程在较低的温度下进行，最大限度地减少半纤维素的溶出，提高浆料得率。

（2）LSC（low-solids cooking），即低固形物蒸煮技术。这种技术的白液分级加入在本质上与MCC（即改良连续蒸煮法）和EMCC（即深化脱木素的改良连续蒸煮法）是一样的，区别主要是低固形物蒸煮在蒸煮器的各段都有蒸煮液抽出，降低各段蒸煮液中的固形物含量。同时为了保证各段有足够的碱液，每段都需要补充白液，而且增加了抽提与补液的次数。这样就降低了蒸煮液的固形物浓度，特别是浸渍区和顺流区的固形物浓度，提高了制浆的选择性。目前这种技术已成为连续蒸煮系统上发展最活跃的技术。

（3）快速热置换蒸煮技术。其主要包括美国Beloit公司早期开发的快速置换加热蒸煮技术（rapid displacement heating，RDH）及美国Cab Tec公司在原美国

Beloit 公司的 RDH 间歇蒸煮技术的基础上研发出来的一种最新制浆技术——置换蒸煮系统(displacement digester system，DDS)技术。RDH 的基本原理是蒸煮终了时，蒸煮锅内的热黑液用洗浆机的滤液置换，蒸煮后的纸浆先被洗涤冷却至闪蒸点以下，然后将其喷放至喷放锅。置换出来的热黑液和温黑液用于后面的蒸煮中预热料片和加热白液。DDS 秉承了 RDH 的优点，如热回收系统不需要喷放，降低了粗渣率，减少了后续漂白过程的化学品消耗，蒸煮过程可近似看做一段洗浆，通过蒸煮可得到低卡帕值、高强度的本色浆等，是目前世界上最先进的间歇蒸煮技术。

(三)高效浆洗及封闭式洗筛技术

目前 Andritz 公司、美卓造纸机械公司等多家公司均开发了封闭式筛选设备。通过该设备将实现木浆筛选、洗涤过程基本封闭，只有洗节(渣)机、除砂器的重杂质及极少量滤液排出。该项技术已经在欧洲大多数制浆企业应用。

(四)无氯漂白工艺

(1)ECF(elemental chlorine-free，即无元素氯)漂白。ECF 漂白兴起于 20 世纪 70~80 年代，目前已经较为普及，如日本在 2006 年年底已经有 96% 漂白化学浆的工厂采用了 ECF 漂白工艺。该工艺的基础是用氧化氯(ClO$_2$)代替氯气(Cl$_2$)进行漂白。由于 ClO$_2$ 对木素的氧化降解选择性不如 Cl$_2$，因此，在漂白前一般都增加一段氧漂，或在蒸煮后期通过氧脱木素工艺获得低卡帕值的纸浆，再进行下一步的漂白。为了进一步降低 ClO$_2$ 的消耗，漂白程序中还使用臭氧(O$_3$)(Z)、过氧化氢(H$_2$O$_2$)(P)和木聚糖酶(X)等。

(2)TCF (totally chlorine-free，即全无氯)漂白。TCF 漂白使用的漂剂绝大多数为无环境危害的化学品，如 H$_2$O$_2$、O$_3$ 等，因而漂白过程基本不产生有害物质，主要生成物为低分子有机酸、CO$_2$ 和水。虽然无氯漂白使用漂白剂的选择性不如含氯漂白剂，但 TCF 的生产方法多样，对漂前纸浆的要求也比较严格。因此，为达到与含氯漂剂一样的漂白效果，漂白前需要深度脱木素。国际公认 TCF 漂白是先进的漂白技术，我国正在非木浆漂白生产中推广应用华南理工大学制浆造纸新技术与装备中心研发的中浓纸浆 TCF 漂白技术。

(五)利用选择性非催化法降低碱回收炉 NO$_x$ 排放

选择性非催化还原法(selective non-catalytic reduction，SNCR)是通过向碱回收炉的高温区喷射尿素溶液的方法来达到去除 NO$_x$ 的目的。将尿素配合其他化学药剂共同使用，在炉温 1 000℃左右与 NO 反应，从而形成氮气、水蒸气、

CO_2 及少量的氨气。瑞典的制浆公司在其工厂现有碱回收炉上进行了实验，结果显示可降低 60% 的 NO_x 排放。

（六）黑液气化

黑液气化是黑液中的有机质发生分解和部分氧化，生成可燃气体和无机物的化学反应过程。这项技术可以将纸浆黑液加工为合成气，并可由合成气制备甲醇、二甲醚，还可通过费托合成(Fischer-Tropsch，F-T)柴油。黑液高温气化工艺有可能替代传统碱回收工艺，降低制浆厂的能耗及污染物排放。

黑液高温气化目前主要有 Paprica 雾化悬浮技术（AST）、加州大学 PGC 工艺、NSP 旋风式气化炉、Champion/Rockwell 熔融盐气化、SKF 等离子体及气流床气化、Tempella 气流床气化、Chemrec 气流床气化。

Chemrec 气流床是目前较为成功的工艺路线。瑞典 Frövi 制浆厂采用 Chemrec 路线，将黑液（65% DS content）加热到 130℃～135℃，然后黑液从反应器顶部被空气或氧气雾化后高速喷入炉中，在 950℃ 下部分燃烧，提供的热量足以使黑液进行气化和形成熔融物，碳酸钠(Na_2CO_3)和硫化钠(Na_2S)熔融物降至底部并溶于水中成为绿液。合成气脱除硫化氢(H_2S)后供下游使用。截至 2009 年，瑞典的 Chemrec 气流床工业示范装置已经运行了 1.1 万小时，每天可将 20 吨黑液气化。黑液气化后的气相成分在高温、高压条件下经气/固相催化反应，可生成甲醇和二甲醚。

此外，据报道，瑞典能源署已在 Chemrec 公司气化项目基础上增加投资达 50 亿克朗生产甲醇或二甲醚，2012 年完成前端工程设计，2013 年完成投资，预计 2015 年投产。

纵观制浆造纸行业，其正向节能、降耗、高效、低污染方向发展，行业的进步主要是新的工艺技术与新的装备技术紧密结合共同发展所推动的。目前，造纸行业趋向植物资源高效清洁利用技术方向发展，充分利用造纸原料的各个组分，发展造纸生物资源的组分无污染分离技术、造纸生物资源的高值化利用技术等，使制浆造纸工业发展成为集浆纸、各种高附加值生物质化学品、生物能源等产品生产的综合工业。

第三章

各行业重大科技发展需求及流程制造业共性科技需求

对流程制造业而言，在近 20 年内开发出完全颠覆性的全流程工艺技术的可能性不大。但某一局部（工序）的颠覆性的技术可能会有所突破，并对全流程及绿色转型产生影响。据预测，流程制造业近 20 年内的发展将聚焦于以下三方面：①行业升级、转型（用高新技术提升行业的水平）；②适应和影响国民经济结构的产业调整；③同社会环境与文明的关系。

一、钢　　铁

全球化、高技术化和信息化成为世界钢铁工业的发展趋势。首先，钢铁工业在融资、研发、生产、销售和服务等环节均体现出了全球化的趋势。其次，新材料、新能源等的发展需求给钢铁工业的过程高效清洁化和产品高端化提供了机遇；绿色制造、循环经济和低碳经济等时代性命题将带来深刻甚至革命性的变化。最后，信息技术与钢铁工业技术相结合，实现产品设计、制造过程和企业管理、客户服务的信息化、网络化。

"十二五"期间，我国经济仍将持续发展，同时将带动钢铁工业持续、稳定增长；钢铁工业将适应全球化、高技术化和信息化的发展，特别是满足应对气候变化，发展低碳经济、循环经济和转变发展方式的新需求，在节能降耗减排、工艺技术创新、低碳技术、产品质量与结构等方面加强研究与产业化开发，在高新技术的支撑下推动钢铁工业的产业结构升级。

钢铁工业重大科技发展需求主要有三个方面：一是新的工艺技术和高端钢材产品的开发；二是全流程的高效运行和节能、环保的技术；三是促进循环经济生态链构建技术。

二、有　色

(一)数字化矿山与智能采矿相关的新型产业发展迅速

我国现有矿产资源逐渐转入地下开采，并向深部延伸，传统开采技术装备已无法满足要求，迫切需要先进的技术和装备。随着技术的不断发展，与数字化矿山和智能采矿相关的产业逐步发展扩大，随之以信息化、自动化、智能化采矿装备为核心，以高速、大容量、双向综合数字通信网络为载体，以智能设计与生产管理软件系统为平台的矿山新兴产业迅速发展起来。

在数字化、智能化已成为知识经济重要标志的 21 世纪，在采矿设备向着大型化发展的同时，随着卫星无线通信技术和微电子技术的飞速发展，采矿设备在开发和应用方面也逐步开始了自动化和智能化的进程。可以说，目前采矿设备的自动化和智能化已经取得了实质性的进步，无论对露天矿还是对地下矿，无人驾驶程式化控制和集中控制的采矿设备已经进入实际研发与应用阶段。在今后的 20 年里，完善的自动化和信息技术将会更广泛地应用于采矿设备的革新中，也将会在一定程度上改变采矿方法和提高采矿技术水平。

(二)处理非传统资源的创新技术和新兴产业方兴未艾

一些非传统资源的处理已经随着技术的进步开始得到重视，并逐渐发展成新的产业，如超贫矿石(如斑岩铜矿)的处理、提取和相关的机械制造业；"城市矿山"的开发利用创新技术及与之相关的新兴产业等。

"城市矿产"是指工业化和城镇化过程产生和蕴藏在废旧机电设备、电线电缆、通信工具、汽车、家电、电子产品、金属和塑料包装物及废料中，可回收、加工、循环利用的钢铁、有色金属、稀贵金属、塑料、橡胶等资源，其利用量相当于原生矿产资源。从科学上来说，主要有色金属都可以进行循环使用，目前很多发达国家已经初步实现了有色金属的资源循环，发达国家有色金属循环利用量一般占消费量的 50% 以上，而我国有色金属循环利用量仅占消费量的20%～25%。我国在发展再生有色金属资源方面有独特优势，因为我国短缺的有色金属资源是较为容易进行循环利用的金属，如铜、铝、铅、锌等。

(三)传统产业废弃物的资源化处理形成的新产业逐渐发展

矿业废水、选矿尾矿、冶炼废渣、废热、赤泥的资源化利用目前尚未形成产业。

有色金属固体废弃物是由有色行业,如矿山开采过程中产生的矿山废石、选矿后剩下的尾矿、冶炼过程中产生的冶炼渣、污泥、粉尘等组成。我国的矿产资源80%以上为共伴生矿,但是其综合利用率仅为40%,比发达国家低20%。新中国成立以来,我国工业水平突飞猛进,但是在长达60余年的发展过程中,技术的限制导致大量含有高附加值的有色金属尾矿不断堆积。我国经济的快速增长,对金属需求量越来越大,伴随着产生的矿冶固体废弃物也越来越多。全国有色金属行业每年大约需要排放废石1.4亿吨,尾矿1.1亿吨,废渣1 000多万吨,氧化铝生产过程中产生赤泥3 000万吨。

经过数年的发展,我国再生有色金属产业已经初具规模。"十一五"以来,我国再生资源总量呈逐年增长的趋势,再生有色金属产量占有色金属总产量的比重不断提升。2009年,我国再生金属产量633万吨,同比增加19.4%。截至2009年,国内主要再生资源回收企业有10多万家,各类回收网点约20万个,规模以上回收加工厂1万多个,各种回收人员达1 800万人以上。2009年,我国再生资源回收总量继续上涨,废钢铁、废有色金属、废塑料、废轮胎、废纸、废弃电器电子、报废汽车及报废船舶等主要再生资源回收总量为1.43亿吨,较2008年增长16.3%,回收总价值达到4 527亿元,较2008年增长了14.4%。此外,再生金属园区和基地建设取得新的进展,经商务部、国家发展和改革委员会(简称国家发改委)、环境保护部等有关部门批准的再生金属集散市场、再生金属相关循环经济试点、进口再生资源"圈区管理"示范园区已经达到26个,再生金属集散市场、产业基地(园区)的建设对再生金属行业集中治理污染、提高行业集中度起到了良好的作用。

我国是有色金属的消费大国,却又是有色金属资源短缺的国家,当前国内有色金属资源的基本态势是,铜资源严重不足,铝、铅、锌、镍资源保证程度不高,钨、锡、锑开采过度,有色金属矿产资源供给不足已经成为我国可持续发展的重要制约因素。在矿产资源争夺处于劣势的情况下,发展再生有色金属产业成为国内有色金属产业发展的必经之路。

由于再生金属节省找矿、勘探、采矿、选矿等环节,生产成本较低,近年来得到快速发展,生产和消费规模不断扩大,产业比重逐步提高。2002年以来,我国再生有色金属产量连续10年保持快速增长,主要再生金属中再生铜、再生铝产量的年均增长率为27%,而再生铅产量的年均增长率达到81%。2011年,我国主要再生有色金属产量从2002年的239万吨增加至2011年的835万吨,较2002年增长249.37%,基本与2000年的全国10种有色金属的总产量持平。其中再生铜、再生铝、再生铅的产量分别达到260万吨、440万吨、135万吨,分别较2002年增加172万吨、308万吨、116万吨。即使在受到金融危机冲击的2008年和2009年,我国再生有色金属的产量也保持了正增长的态势(图3-1)。

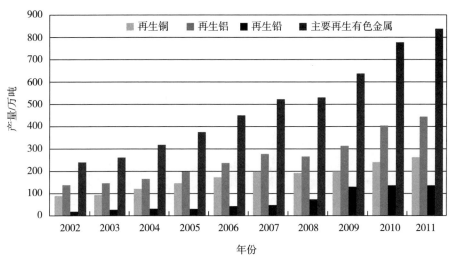

图 3-1　国内主要再生有色金属产量

资料来源：《中国有色金属工业年鉴》(2012 年)

在主要有色金属品种中，我国锌的再生产产业发展相对落后。全世界每年消费的锌中(包括锌金属和化合物)，原生锌和再生锌分别占 70% 和 30%。而我国每年 60% 以上的锌用于钢铁防腐，回收利用周期长，故再生锌的产量只有十几万吨，仅占锌消费总量的 3% 左右。虽然再生锌产业已引起我国业内的高度重视，但其与世界水平的差距却是不容忽视的。

虽然再生有色金属的产量逐年提高，但占相应金属总产量的比例却变化各异(图 3-2)。2002～2011 年，再生铅占精铅产量的比例大幅增加，再生铝占电解铝产量的比例基本持平，而再生铜占精铜产量的比例却有所降低。产生这一状况主要是由于铅是制造汽车蓄电池的重要原料，一块蓄电池的正常使用年限一般在两年左右，再加上近五年来国内汽车产业发展迅猛，故铅的回收过程较铜、铝快。2011 年，再生铜、再生铝、再生铅产量分别占各自金属产量的 47.41%、25.21%、29.32%，其中铜的再生比例最高。主要再生有色金属的产量占相应金属总产量的比例由 2002 年的 33.27% 降至 30.32%。整体而言，我国再生有色金属的产量占总产量的比例有所降低，与发达国家的再生金属行业发展还存在很大的差距。这一方面与我国为满足国内经济发展需要而迅猛增加有色金属的总产量有关，另一方面也说明我国的再生有色金属产业还有很大的发展空间。

赤泥是氧化铝生产过程中产生的固体废渣，我国各铝厂每年排放赤泥 1 000多万吨，大都将赤泥在堆场堆放，采用筑坝湿法堆存，或赤泥干燥脱水后干法堆存。赤泥的堆存不仅占用大量土地和农田，而且晒干的赤泥形成的粉尘到处飞扬，还会破坏生态环境，造成严重污染；同时赤泥中的许多可利用成分还得不到

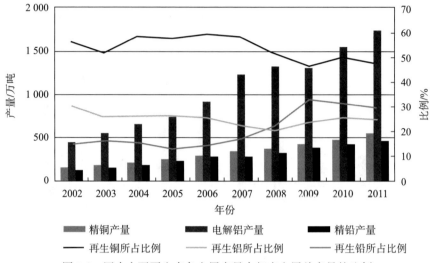

图 3-2　国内主要再生有色金属产量占相应金属总产量的比例

资料来源：《中国有色金属工业年鉴》(2012 年)

合理利用，造成了资源的二次浪费。随着铝工业的发展和铝土矿石品位的降低，赤泥量将越来越大，因此，赤泥的综合利用正成为日益重要的课题。

赤泥的综合利用途径主要如下：①回收有价金属；②制作新型建筑材料，如烧制水泥等；③制备微晶玻璃；④制备保温陶瓷砖；⑤制作硅肥；等等。但由于种种原因，赤泥的利用除烧制水泥外，其余的尚停留在试验研究阶段，未形成工业规模，不能彻底解决我国氧化铝生产产生的大量赤泥所带来的一系列问题。另外，在赤泥的应用中，必须注意赤泥本身含有碱液，有的赤泥中还含有放射性元素，这些都直接危害人体健康，这一系列问题的解决需要我们积极探索今后赤泥回收和综合利用的新的有效途径。赤泥的有效利用不仅能够极大地促进氧化铝工业，而且能够解决资源浪费、环境恶化等问题，对于国民经济的发展具有重要意义。

（四）矿物产品的深加工形成的新产品及新兴产业得到重视

三稀矿物（稀有金属、稀土金属和稀散金属）、石墨矿、非金属矿物材料的提纯及精深加工得到的新产品逐渐在新领域得到应用，已经发展成为新兴产业。

目前，中国正逐步丧失在全球分工体系中的比较优势，冶炼初加工的持续发展面临瓶颈。一是因为在过去十年，中国人口红利所产生的廉价劳动力优势在未来十年将不复存在；二是因为电力等能源成本将呈现中长期的趋势向上的态势。冶炼初加工优势丧失，由此加大了国内企业发展深加工产业链的迫切性。

（五）矿业开发过程中新药剂研发的基因组设计形成新兴产业

矿业开发过程中药剂的安全性、高效性、环保性已经得到越来越多的重视，利用计算机辅助分子设计（computer aided molecular design，CAMD）技术进行新兴药剂的设计、模拟、生产和性能预测已经逐渐发展成为一门新兴产业。

（六）选冶过程的节能、环保技术方兴未艾

近年来，我国有色金属产业工艺及装备水平明显提高，一些装备已达到世界先进水平。先进的闪速熔炼、多种富氧熔池熔炼、湿法炼锌技术，在铜、镍、锌冶炼中占主导地位；自主创新的"氧气底吹-鼓风炉还原炼铅新工艺"正在推广应用；具有自主知识产权的一水硬铝石选矿拜耳法、富矿强化烧结法技术，砂状氧化铝生产技术等的成功应用，大大提高了我国氧化铝的生产技术水平。350千安、400千安等大型铝电解槽的投入使用，使我国电解铝能耗大大降低。选矿废水回用技术的推广应用每年可有效减排废水上亿立方米。

三、石　　化

（一）石化工业稳步发展，需要更加节能高效的油品和石化产品生产技术

受国际金融危机和欧洲债务危机（简称欧债危机）的影响，目前世界经济正在调整中缓慢恢复增长。据世界银行预测，2011～2015年新兴经济体GDP年均增长率将达4.7%，远高于发达国家的2.3%；到2025年，新兴经济体占全球经济总产出的比例将从2011年的37%增加到45%。未来十年，我国经济发展将处于战略调整期，将从高速发展期转向中速发展期，GDP年均增长将在7%左右，将更加注重经济发展的质量与速度的平衡。

我国经济的持续稳定发展，将带动油品和石化产品需求不断增长（表3-1）。

表3-1　我国石油及石化产品供需预测

年份		2010	2015	2020
石油	产量/亿吨	2.06	2.14	2.2
	需求量/亿吨	4.38	5.9	7.0
天然气	产量/亿立方米	967.6	1 650	3 200
	需求量/亿立方米	1 072	2 600	3 800

续表

年份		2010	2015	2020
成品油	产量/万吨	2.53	3.48	4.20
	消费量/亿吨	2.46	3.34	4.16
乙烯	产能/(万吨/年)	1 496	2 556	3 585
	当量需求/万吨	2 987	3 880	4 970
合成树脂	产能/(万吨/年)	5 207	7 246	9 330
	需求/万吨	5 223	6 863	8 740
合成橡胶	产能/(万吨/年)	281	573	615
	需求/万吨	360	517	642
合成纤维	产能/(万吨/年)	3 138	4 403	5 493
	需求/万吨	2 491	3 648	4 805
合纤原料	产能/(万吨/年)	2 037	4 347	5 559
	需求/万吨	3 257	5 116	6 770

注：2020 年能力数据是按已有规划统计

为此，我国石化工业将会进一步新建或改扩建炼油厂和乙烯生产厂，需要加紧研发更加节能环保、更加高效低成本的千万吨级炼厂成套技术、百万吨乙烯成套技术和大型合成树脂、合成纤维和合成橡胶成套技术。

（二）石化工业优化调整升级，需要更多高性能和高端石化产品生产技术

未来十年，我国将积极推进科学发展，加快转变经济发展方式，深入推进工业化、信息化、城镇化、市场化和国际化，加快实施中部崛起战略和西部大开发战略，努力推动产业结构调整和优化升级，制造业将由劳动密集型、资源密集型产业为主转为技术密集型、知识密集型为主，大力培育和发展节能环保、新一代信息技术、生物、高端装备制造、新能源、新材料和新能源汽车等战略性新兴产业，促进我国经济增长由目前主要依靠"投资和出口"拉动逐步转向依靠"投资、消费和出口"协调拉动，实现经济结构的优化调整转型。

我国经济结构调整步伐加快和居民消费结构优化升级，将促使我国石化工业加快战略布局、产业结构和产品结构调整，努力向炼化一体化、大型化、基地化、园区化方向发展，积极增产清洁油品和高端、高性能石化产品，大力推动产业优化升级。为此，我国石化工业需要清洁油品生产技术、高性能和高端石化产品生产技术。

(三)石化工业更加重视环境保护，需要更先进的节能减排技术

为有效应对气候变化，近年来绿色经济、低碳经济、循环经济已成为世界经济发展的方向，特别是在后金融危机时代，更成为世界各国寻找新的经济增长点、化解危机、面向未来的重大战略选择，各国为此纷纷出台一系列相关市场规则和政策导向。发达国家以绿色发展、低碳发展、可持续发展为契机，正大力抢占未来科技和产业竞争的制高点。新兴经济体也在积极走工业化道路，努力推动发展方式向绿色、低碳和可持续发展方向转变。我国已提出"十二五"期间单位GDP能源消耗降低16%，单位GDP CO_2 排放降低17%，主要污染物排放总量显著减少，COD、SO_2 排放分别减少8%，氨氮、NO_x 排放分别减少10%，到2020年单位GDP CO_2 排放比2005年减少40%～45%等约束性指标，努力降低单位GDP的能源资源消费强度，并明确"坚持把建设资源节约型、环境友好型社会作为加快转变经济发展方式的重要着力点"，积极有效地应对全球气候变化。

环保要求的日趋严格，将使我国石化工业面临巨大的节能减排压力，推动石化工业继续坚持内涵发展，积极采用先进的新技术、新工艺、新设备，高度重视资源节约和综合利用，节约资源能源，大力发展循环经济，保护环境，走绿色低碳发展之路，努力抢占应对气候变化的制高点，实现可持续发展。为此，我国石化工业需要先进的节能技术、节水技术、"三废"处理技术和 CO_2 捕集利用技术。

(四)石化工业面临资源短缺和油价高企压力，需要提高资源利用率技术

未来十年，世界油气资源仍可满足需求，但由于新兴经济体油气需求量大幅增加，全球油气资源争夺将更为激烈。而我国石化工业自产石油资源严重不足，随着炼化业务的发展，原油进口量将越来越大，这给我国石化工业获取海外油气资源带来了较大难度和风险。同时，由于石油的金融属性越来越强，加之受美元贬值、基金炒作、产油国局势动荡及勘探开发成本上升等因素的影响，国际油价很可能长期在100美元/桶左右高位震荡。

石油资源供应不足和原油价格高位震荡，将给我国石化工业发展带来巨大的成本压力。为此，我国石化工业需要开发劣质原油和重油深度加工技术、副产品综合加工利用技术，以不断提高资源利用率。

(五)石化领域战略性新兴产业正在形成，需要先进的战略性新兴产业技术

近年来，在国家大力培育和发展战略性新兴产业政策的引导下，我国石化领域出现了一些战略性新兴产业，并呈现加快发展的态势。例如，生物质能源、新

型煤化工等石油替代技术快速发展并开始产业化,功能性新材料和生物基化工材料等化工新材料已开始加速发展,预计2015年和2020年我国替代燃料将分别达到1730万吨和4800万吨(表3-2),占需求比例分别约为5.2%和10.4%。

表3-2 我国替代燃料供需预测   单位:万吨

年份	2010	2015	2020
燃料乙醇	176	180	450
燃料甲醇	40	150	200
生物柴油	1	80	200
煤制油	150	200	1 200
燃气汽车替代油品量	680	960	1 150
电动汽车替代油品量	0	160	1 600
总计	1 047	1 730	4 800

注:预测数据为各种替代燃料的规划数据

石化领域战略性新兴产业的发展,将推动石化工业转变发展方式,调整产业结构和产品结构,减少温室气体排放,提高竞争能力。为此,我国石化工业需要先进的新型煤化工技术、化工新材料技术、节能环保新技术、生物燃料技术和生物化学品技术等,大力培育和发展战略性新兴产业,抢占未来竞争的制高点。

四、化 工

(一)煤化工发展科技需求

1. 发展充分利用劣质煤的新型煤化工技术

我国虽然煤炭资源相对丰富,但高硫、高灰的劣质煤比重较高,现代煤化工,如煤气化技术及煤液化技术对煤种要求低,都已经实现了对劣质煤的充分利用,国家发改委也明文规定煤化工应实行煤炭资源分类使用优化配置政策:炼焦煤优先用于煤焦化工业;褐煤和煤化程度较低的烟煤优先用于煤液化工业;优质和清洁煤炭资源,优先用于发电、民用和工业炉窑的燃料;高硫煤等劣质煤,主要用于煤气化工业;无烟块煤,优先用于化肥工业。针对煤炭的不同组分,实现分质综合利用,发展有利于实现能源节约及对劣质煤炭的充分利用的新型煤化工技术。

2. 发展绿色低碳节水的煤化工技术

水资源与环境容量有限制约煤化工。煤化工是高耗水行业。我国煤炭资源富集区往往是生态环境比较脆弱、水资源比较匮乏的地区，在这些区域规划布局大量煤化工项目，面临水资源不足、环境容量有限等制约性因素。2007 年我国大型煤炭基地水资源总体短缺，13 个大型煤炭基地规划总需水量为每天 296 万立方米，现有供水能力为每天 152 万立方米，每天缺水 144 万立方米①。除云贵、两淮基地水资源丰富以外，其余 11 个基地均缺水。我国煤炭资源丰富，但总体上说，煤含硫量高，开发利用的环保要求高。此外，由于煤炭为多碳资源，CO_2的排放是不可避免的，所以在发展碳减排技术的同时要考虑当地的环境承受度。因此，需要发展更加低碳、节水的煤化工技术。

3. "大型化、多联产、一体化"是煤化工产业未来的发展方向

煤化工未来发展方向将突出"大"字，即以建设大型企业及大的产业集群为主，包括采用大型反应器和建设大型现代化单元工厂，如百万吨级以上的煤直接液化、间接液化工程及大型联产系统等；同时根据煤种、煤制特点及目标产品不同，采用不同煤转化高新技术，并在能源梯级利用、产品结构方面对不同工艺优化集成，提高整体经济效益，如煤焦化-煤直接液化联产、煤焦化-化工合成联产、煤气化合成-电力联产、煤层气开发与化工利用联产、煤化工与矿物加工联产等；在此基础上，紧密依托煤炭资源的开发，并与其他能源、化工技术结合，形成煤炭、能源-基础化学品-化工产品一体化的产业。通过建设大型工厂及产业集群，发挥资源与价格优势，资源优化配置，技术优化集成，使资源、能源得到高效合理利用，降低生产成本，提高综合经济效益。

（二）微化工发展科技需求

1. 微化工基础科学理论体系有待形成

由于微型化的科学理论基础尚处于宏观和微观之间，所以需要通过补充和修正传统的"三传一反"化工理论、连续介质理论及无滑移边界条件、宏观和微观理论的相互关联等；不断完善微反应器内复杂的多相流行为和调控规律、微反应器中纳米催化剂的制备及反应特性与规律、微尺度化学反应器的并行放大规律与系统集成；进一步研究小尺度效应下的材料理论分析，如黏弹特性、残余应力、蠕变、屈服、微损伤等；采用多种测量手段，对不同结构和类型的微通道及流动介质，建立较完善的微尺度下传递参数数据库；最终形成微化工基础理论体系，为微化工系统的设计开发提供依据，并推进微细尺度的化学工程理论的发展。

---

① 数据来源于 2007 年《大型煤炭基地煤炭资源、水资源和生态环境综合评价》，此后大型煤炭基地增加至 14 个，没有类似的系统性评价。

2. 微型设备制造技术有待研究

微通道传质传热设备（微换热器、微反应器、微混合器、微分离器等）的加工制造及材质选择、整体性能和结构优化设计有待进一步研究。鉴于各反应器、传感器和执行器（如微泵、微阀）等在基本原理、结构、材料上的差异，微化工系统可靠稳固地集成也亟待创新和提高。另外，如何大幅降低微反应器制造成本，实现微设备的统一、批量和规模生产，也是微制造业有待解决的一大难题。

3. 微化工集成放大技术有待突破

当微反应器的数量大大增加时，微反应器监测和控制的复杂程度大大增加对于实际生产来说成本相对高。微型设备模型的设计及集成还需进一步优化，以期达到更经济、更环保、更适用于实际生产的目标。

五、建　材

（一）资源高效利用技术

建材流程制造业是资源的消耗大户，其中，墙体材料和水泥行业资源消耗最大，分别占52%和39%左右。近年来，建材产品产量持续增加，大量资源的消耗不仅加重了环境负荷，更是透支了未来的发展潜力。大力发展推广资源高效利用技术是改变目前资源利用现状的关键。

资源高效利用应集中在资源开采、产品生产、循环利用等方面，按照"减量化、再利用、资源化"的循环经济理念，其途径包括：①原料的高效采选；②在保证产品使用性能前提下，削减单位产品的资源用量；③废弃物的综合利用；④劣质原料的资源化利用。建材流程制造业在资源高效利用方面的共性技术包括：工业、建筑和生活废弃物循环利用技术；提高矿产资源开采回采率、选矿回收率和综合利用；各种废建材产品再利用技术；等等。挖掘低品位原料资源利用技术，如利用低品位的石灰石和泥灰岩生产低钙水泥；低劣质煤、含碳量高的粉煤灰和煤矸石的应用等；重点发展窑炉的提升改造技术，以适应劣质原料的应用；最大限度地发展和完善碳酸钙质原料和燃料的替代技术；深度研究粉煤灰、钢渣、矿渣作为原料生产建材产品的技术，如工业废渣等做水泥混合材的改性技术，相应减少熟料用量；利用煤矸石、粉煤灰、尾矿等固体废弃物生产烧结保温、装饰等多功能烧结保温制品等；大力发展水泥窑协同处置技术，以可燃废弃物作为替代燃料，以硅酸盐废弃物作为替代原料，消减城市生活垃圾、污泥、焚烧飞灰、赤泥、电石渣等；研究建材废产品的再生利用技术；薄型化陶瓷砖是减量化技术在建材中应用的最好体现，应在技术标准、市场准入等方面尽快与之匹配。

(二)节能低碳生产技术

建材流程制造业离不开热工窑炉的高温生产过程,能源消耗总量(包括电、煤、油、汽,以煤炭为主)十分可观,单位 GDP 能耗在工业系统中也位居前列。能源消耗带来大量的 CO_2 排放,水泥生产中 $CaCO_3$ 分解也是 CO_2 的重要排放源。

围绕着能耗与 CO_2 排放最高的窑炉煅烧过程,着力研究开发具有明显节能减排效果的新型生产工艺和装备、低碳型产品的生产制造工艺、新型燃烧技术、窑炉余压余热梯级利用,并形成与之匹配的能量计量与管理系统,节能低碳生产技术包括:水泥新型干法窑的高效烧成工艺,如近年来逐渐发展的二支点窑、高固气比技术;硫铝酸盐、高贝利特水泥等低碳水泥的生产及应用技术;水泥窑炉纯氧燃烧与 CO_2 捕集利用;玻璃窑全氧燃烧技术;陶瓷墙地砖新型干法短流程工艺;玻璃熔窑新型熔化与澄清技术;窑炉余热预热原料与发电技术;等等。

(三)污染物排放控制技术

建材流程制造业污染物主要集中在粉尘、SO_2、NO_x 三种物质上。近年来,随着我国水泥工业在除尘材料、技术与设备上取得明显进步,粉尘排放量大幅下降。通过控制燃料品质与采用脱硫工艺可有效控制 SO_2 的排放,"十一五"期间 SO_2 的排放情况也有很大改善。目前,水泥工业 NO_x 排放是建材流程制造业乃至国家环保部门的关注焦点。

水泥窑炉 NO_x 减排可以从两条技术路线入手:一个是窑炉煅烧工艺的变革与优化;另一个是采取末端处理技术。前者主要通过发展水泥窑全氧燃烧、富氧燃烧、分级燃烧、采用新型燃烧器等燃烧控制技术来实现 NO_x 减排。由于全氧燃烧、富氧燃烧技术受制于廉价现场制氧技术,因此尚未得到推广应用,仅仅依靠分级燃烧、低氮燃烧器等简单的燃烧控制,NO_x 减排效率有限,难以实现大幅减排的目标。以 SNCR 技术、选择性催化还原(selective catalytic reduction,SCR)技术为标志的末端处理技术,脱硝效率高,成为目前国内外水泥行业竞相研究、开发的主要技术路线。另外,联合处置技术,即燃烧控制结合 SCR 与SNCR 路线,也是业内的重要技术选择。

(四)高端产品制造技术

我国建材流程制造业主要产品的产量已经占到世界总量的 $50\% \sim 60\%$,规模庞大,但产品附加值较低,利润微薄,处于价值链的低端。在传统产品产能过剩的背景下,通过发展高端制造技术,利用传统工艺技术制造高技术产品,是促进产业链延伸、缓解产能过剩、优化存量的重要手段。

建材流程制造业产品的高端体现为两点:一是产品的高附加值;二是产品具有区别于传统产品的功能特性。高端产品除了具有较高技术内涵外,还应具有广阔市场空间。随着国家对工程质量和寿命要求的不断提高,通用水泥已不能满足国家重大工程的需求。应研究和推广新品种水泥,扩大特种水泥份额,满足国家水电、化工等工程建设需要(姚燕,2012)。玻璃行业应全力完善浮法工艺,实现用浮法玻璃工艺在线生产各种新型功能(特种)玻璃,以取代对原片深加工的传统做法。在建卫陶瓷领域,高档产品多为国外垄断,高档产品比例也仅有 10%～15%。我国应在设计、产品功能等多方面下功夫,提高自主产品国际品牌效应与市场竞争力。墙材的高端产品以服务建筑节能为基础,侧重多用途、多功能,如保温-装饰、保温-承重等,与这些产品制造相关的关键工艺及成套技术装备是未来的开发重点。

(五)流程制造业信息化技术

建材流程制造业是一个多学科融合产业,在设计、生产、维护、销售、物流等方面数据量很大,仅仅依靠人工分析、处理是不现实的,流程制造业信息化是唯一的出路,而信息化技术是其实现的途径。建材流程制造业信息化体现在管理信息化和设备信息化两方面。管理信息化重在开发适应建材流程制造的控制系统、管理系统,全面参与设备状态监控、参数调整、工艺控制、物流统筹、市场反应等环节,目标是大幅降低劳动强度、提高效率等,如近年来广泛应用的分布式控制系统、用于科学配方与精确测量的配料控制系统、水泥厂能源管理系统等。设备信息化的重要发展方向包括:开发集自动化、智能化于一体甚至具有人机交互功能的工艺设备;开发用于工艺设备设计的软件系统,通过仿真模拟计算加快工作进度、优化设计方案。

六、造　　纸

(一)制浆造纸工程发展需求

制浆造纸工程是以化学、化工、植物化学为理论基础,集化工、物理、机械、电子、生物、环保等技术为一体的多学科交叉的应用技术工程。其发展的主要特征表现如下:①技术装备大型化、自动化、信息化、高效率,以实现更高经济规模效益;②优化和简化工艺系统,过程控制向集成化、智能化方面发展,以减少投资，节能降耗，提高产品质量，降低生产成本；③开发新产品，增加产品加工深度，提高产品附加值，使企业获得更多的利润；④更加致力于循环经济、清洁生产，更有效利用资源，减少环境污染，推进可持续发展。

(二)制浆造纸行业科技发展趋势

面对植物资源短缺、能源紧张、环境压力大等世界性难题，造纸工业科技总体发展趋势将会把节约资源、实现循环发展；提高能源利用率、实现低碳发展；实施清洁生产、实现污染物有效控制及开发未来新产品等战略课题，作为研发的重点方向。

(1)注重新一代清洁制浆造纸技术的研发与应用。针对速生材、非木材和废纸原料的纤维特征和品质缺陷，将进一步注重研发减量化、再利用和资源化技术，包括高效节能的深度脱木素改良蒸煮技术、速生材高得率浆高值化利用技术、非木材原料的清洁制浆和漂白技术、废纸高效再生利用和品质改善技术，以及制浆过程中的清洁生产集成技术等。

(2)注重开发应用新型高效制浆造纸装备。研发的制浆造纸新型装备将进一步注重节能、降耗、减排、高效，向更适应纸和纸板新产品开发和提高纸浆、纸张质量方向发展。

(3)注重创新与集成制浆造纸节能减排技术。以"资源开发与节约并重、把节约放在首位"为原则，注重把节能、节水、降耗、减排技术渗透到包括备料、蒸煮、磨浆、洗涤、漂白、碱回收等制浆过程的各个环节。蒸煮过程节能与热回收技术、高得率制浆过程节能技术与热能回收技术，以及洗筛漂过程节能的新工艺、新技术将得到进一步开发，降污减排的新方法、新技术将得到进一步发展，从而实现以最少的资源消耗创造最大的经济效益的目的。

(4)注重开发造纸工业循环和低碳经济新技术。应对全球气候变暖、发展低碳经济是全球的共同行动，造纸工业是采用可再生物质为原料的规模最大的加工业，在生物质循环利用和低碳生产技术的开发利用方面，具有独特的优势。造纸工业将进一步注重制浆造纸过程水循环利用的工艺与技术、过程废弃物资源化利用技术的开发。科学技术的发展将使制浆造纸产业实现资源—产品—再生资源的循环利用，实现制浆造纸过程的低碳化。

(5)注重开发高性能纸基功能材料。高性能纸基功能材料是现代包装、信息、建筑、电器、航空航天、军工、生物医药、食品、环保、海洋等领域所需要的高技术新材料，其生产过程中需加入特种功能性材料，如无机及有机纳米材料、生物质化工材料、有机高分子复合材料、无机合成纤维、新型高分子填料，以及具有热、电、光、磁及力学性能的高分子助剂等。研制生产具有多种复合功能的纸基功能材料，如防锈型、防变色型、防虫型、防霉型、保险型、纳米型等高性能纸基功能材料，满足潜力市场的需求，是调整纸产品结构的方向。

(6)注重研发产业化生物技术。注重研发产业化的生物技术在制浆造纸工业中的应用，对推动行业低能耗、低污染、低排放的低碳经济发展具有广阔前景。主要包括基因重组改良造纸原料、生物预处理制浆、生物化学制浆、生物高得率制浆、纸浆生物漂白、废纸的酶法脱墨与纤维酶法改性、废纸回用过程胶黏物的生物控制、废液生物处理等方面的技术研发。

(7)注重研发高效利用纤维资源的复合型生物质提炼技术。日益加剧的行业竞争使传统造纸工业面临巨大的压力，把传统造纸厂转化为能够同时生产纸浆和纸、高分子材料、化学品和生物质能源的复合型生物质提炼厂，充分、合理、高值化利用植物纤维原中的纤维素、半纤维素和木素三大组分，是制浆科学研究新的发展趋势。

第四章

对各行业产业升级有直接影响的流程制造业的"颠覆性"的共性-关键技术、工艺和设备

　　流程制造各行业的共性-关键技术包括：①适应新资源或劣质资源的新工艺；②节能环保技术、绿色技术；③两化融合的智能化、数字化技术，行业高效运行技术；④构建行业间及与社会的生态链接技术。

　　流程制造业产业间生态链接的关键技术包括：①钢厂焦炉煤气制氢与石化行业的循环经济生态链构建及示范(如广东湛江东山岛)；②天津滨海新区南港石化-化工循环经济生态园建设；③流程工业生产减排、回收和利用 CO_2 技术；④利用流程制造工艺装备协同处置各类废弃物的关键技术(图 4-1 和图 4-2)。

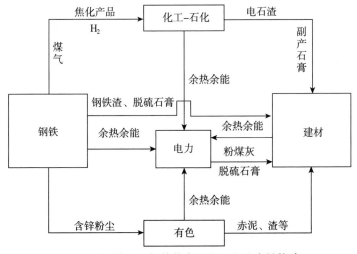

图 4-1　钢铁工业与其他产业的工业生态链构建

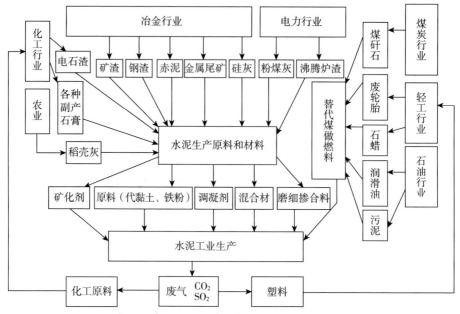

图 4-2　水泥工业与其他产业的工业生态链构建

一、钢　　铁

对钢铁工业而言，在近 20 年内开发出完全颠覆性的钢铁流程工艺技术的可能性不大，应着眼于某一局部(工序)的颠覆性的工艺应用及其对全流程的影响。此类工艺技术主要包括适应新的资源或劣质资源的工艺和高端产品开发，高效运行和节能、环保技术，行业生态链接三类共性-关键技术。

每类技术又分为应加快推广的重点关键技术，应积极研发、加快工程化的技术及应关注和探索的技术三个方面。

(一)适应新的资源或劣质资源的工艺和高端产品开发

1. 应加快推广的重点关键技术

1)露天开采转地下开采平稳过渡及联合开采技术

露天开采转地下开采平稳过渡及联合开采技术应作为重点推广技术，其主要包括：露天开采极限深度决定技术；露天边坡管理技术；坑内通风与防漏风技术；提高采场机械化、高效运输安全技术。

2)低品位难选矿综合利用技术

我国铁矿石资源储量 2010 年年底达 726.99 亿吨，但约 98% 是低品位矿。

其中磁铁矿约占55%，共生矿约占24%，赤铁矿约占21%。所以低品位难选矿的综合利用是重点。

我国对复杂难选矿的处理工艺和技术已达世界先进水平，这些选矿工艺主要如下：①鞍山式磁铁矿和赤铁矿采用弱磁选—强磁选—反浮选或磁选—重选—反浮选联合流程技术，已高效利用并产业化；②攀枝花钒钛磁铁矿采用磁选—重选—浮选—电选及强磁—浮选联合流程技术回收钒钛矿中铁、钒、钛的技术；③包头白云鄂博矿采用弱磁—强磁—反浮选联合流程技术回收铁、稀土和铌的综合技术；④菱铁矿和褐铁矿采用焙烧—磁选—反浮选联合流程技术。

3）加快量大面广产品升级、降低成本和关键品种开发的系统技术

将提高量大面广钢材产品的质量、档次和稳定性作为产品升级的重中之重，全面提高钢铁产品性能和实物质量，加快标准升级。有效降低生产成本，实现减量化生产。鼓励有实力的钢铁企业开发高端钢材品种，同时防止高档产品同质化发展。

加快量大面广产品升级，降低成本和关键品种开发的系统技术主要如下：化学成分设计和精确控制技术；组织和性能精确控制技术；低成本、高性能微合金化技术；高表面质量控制技术；夹杂物控制技术；高精度轧制和在线检测技术；用户在使用钢材中的相关技术（如切割、成型、焊接等应用的整体解决方案技术）。

4）促进特钢品质全面升级系统技术

特钢企业应走"专、精、特、新"的发展道路，特钢品质升级应包括高洁净钢冶炼、电渣重熔、真空冶炼技术，细晶化和均质化技术，精确成分控制技术，特种成型技术，精准热处理技术。

有条件的企业还应研发超大规格圆坯连铸技术，大型锻件生产技术，特种钢板热处理技术，高等级特钢型材、不锈钢无缝管、合金钢系列等生产技术。

2. 应积极研发、加快工程化的技术

1）非高炉炼铁技术

（1）煤制气或采用焦炉煤气大型竖炉直接还原技术的研究和探索。此研究和探索的关键是煤制气成本能否大幅度降低，或在天然气和焦炉煤气较便宜的地区，可考虑采用此技术。

（2）煤基回转窑直接还原技术的改进技术。此技术规模较小，应防止和消除炉窑结圈，延长炉窑寿命，提高气氛和温度控制水平。

（3）转底炉处理含锌尘泥。此技术在国外已成熟，国内马钢（集团）控股有限公司（简称马钢）等也取得工程化的效果，产品金属化率大于70%，脱锌率大于90%，作业率大于90%，余热回收并得到利用，工序能耗小于$12×10^9$焦耳/吨直接还原铁。

(4)钒钛资源转底炉回收技术。可使钒回收率达90％，钛回收率达80％。目前工程化中应解决压块技术(粉化率小于5％)、均匀布料技术、炉膛温度和气氛控制技术及高温(1 300℃)排料设备长寿化技术。

2)半无头轧制技术

国内已有13条薄板坯连铸连轧生产线，有些生产线在半无头轧制工艺中取得较好成绩。半无头轧制技术可减少穿带、抛尾次数及对轧辊的损伤，降低单耗，提高收得率和生产效率。已生产出平均0.77毫米合格热轧带卷，半无头轧制<2毫米薄规格超过80％，板形稳定控制在30IU以内。

3)薄带铸轧技术

进入21世纪以来，世界上进行半工业化试验并生产薄带铸轧机组的有德国蒂森克虏伯公司克莱菲尔德厂、美国纽柯公司克莱福兹维尔Castrip厂、中国宝钢特钢集团薄带铸轧试验厂等，规模分别为30万吨/年、50万~100万吨/年和5万吨/年。钢种包括低碳钢、不锈钢、碳工钢和电工钢等。目前，我国在作业率、成本和钢带质量上还存在一些问题。

国内目前的新进展如下：宝钢已在建设50万吨/年的新线；东北大学在实验室基础上正与企业联合，拟建设50万吨/年规模生产的硅钢等难以用常规连铸连轧生产的钢种。

3. 应关注和探索的技术

(1)熔融还原工艺和装备，如COREX3000，已在宝钢工程化并被赋予了大量的消化、吸收和改进工作；但其目前投资偏大，成本和消耗偏高，未达到设计产能，应进一步提高产能和降低成本；FINEX的产业化新技术、国内新开发的熔融还原新技术等。

(2)铁矿石深部(1 000米以下)开采设备和技术，如海洋采矿、海底锰铁结核矿勘探装备和技术。

(3)尾矿和剥岩的综合利用技术。

(4)纳米金属和非金属材料的生产与应用技术。

(5)复合材料的生产技术和装备。

(二)高效运行和节能、环保技术

1. 应加快推广的重点关键技术

1)新一代钢铁流程技术

新一代钢铁流程技术主要有如下要求：①流程紧凑、高效、顺畅，各工序优化，衔接匹配，实现动态有序运行；②充分发挥三大功能作用，即钢铁产品制造、能源高效利用、转化和再利用及消纳社会废弃物的功能；③对行业先进技术高效集成，如高炉、转炉的干法除尘，焦炉干熄焦，煤气高效利用技术，高炉高风温低燃料比技术，炼钢厂高效低成本的洁净钢冶炼技术，高精度轧制和控轧控冷等技术。

在新厂建设中可以根据每个企业的具体情况进行不同的工艺装备组合和不同的技术优化集成。在老厂改造中应根据各企业的情况（规模、资源、流程、主导产品等）采用不同的工艺和装备达到上述要求。

2）大中型高炉的高效、节能、长寿综合技术

高炉在相当长的时期内仍然是炼铁的主要流程，在吨钢综合能耗和碳排放中占70%左右。大中型高炉的高效、节能、长寿综合技术如下：①继续推行"精料方针"，维持入炉炉料的高品位和稳定性；②高炉的高顶压、高风温、高富氧、高喷煤、高利用系数和长寿化技术；③高炉专家系统应用技术（包括智能操作指导和监测技术）；④高效的高炉余压透平发电装置（blast furnace top gas recovery turbine unit，TRT）技术。

3）高效低成本的转炉洁净钢生产系统技术

与传统转炉工艺相比，高效低成本的转炉技术由于高效及造渣和合金材料的节省，成本更低。

不同用户和不同产品对钢材洁净度的要求是不同的，因而其关键工艺和技术也会有所不同，但主要应包括以下六项共性技术：①高效-低成本铁水预处理技术；②高效-长寿的转炉冶炼技术；③快速-协同的二次冶金技术；④高效-无缺陷的全连铸技术；⑤简捷-优化的流程网络技术；⑥动态-有序的物流技术。

除高效-低成本铁水预处理和高效-长寿的转炉冶炼技术外，其余技术也适用于电炉冶炼钢厂。

4）包括超快冷技术在内的新一代控轧控冷技术

新一代控轧控冷是以轧后超快冷为核心，以析出强化、相变强化和细晶强化为基础的在线热处理技术，不仅对新厂的建设，而且对老厂的改造也较为适用，其主要包括以下内容：①高效节水的超快冷，冷速连续可调；②冷却路径可精确控制，以便得到不同组织；③采用细晶强化、析出强化和相变强化的综合强化技术；④在线热处理技术。

5）推广"三干三利用"技术

"三干三利用"技术主要包括：①高温、高压锅炉的干熄焦技术。②高炉煤气干法除尘技术。③转炉煤气干法除尘（半干法）技术。④副产煤气综合利用和高效发电技术，即高炉煤气发电技术、燃气蒸汽联合循环（combined cycle power plant，CCPP）发电技术、共同火力发电技术。⑤钢铁企业节水和污水处理综合利用技术。采用多级、串级用水，采用少用水和不用水的工艺装备，多水种循环及衔接，对泥污水、含油污水处理等。⑥固体废弃物，特别是高炉渣、炼钢渣的

综合利用。

6) 企业能源管控中心及优化调控技术

建立企业能源管控中心对于企业节能降耗、提高能源利用效率具有重要作用。目前，我国约有 30 家钢铁企业建有能源管控中心，这一举措应该大力推广。

企业能源管控中心及优化调控技术应包括：生产过程中的能源和环保情况实时监测技术；能源生产、利用与钢铁产品生产的动态平衡和实时调控技术；能源环保信息统计、传输、显示技术。

2. 应积极研发、加快工程化的技术

1) 高炉炼铁 CO_2 减排与利用关键技术

欧洲的超低 CO_2 排放（ultra low CO_2 steelmaking，ULCOS）和日本的环境友好型创新性炼铁工艺技术开发（CO_2 ultimate reduction in the steelmaking process by innovative technologies for cool earth50，COURSE50）都有一个较长期的 CO_2 减排的创新工艺研究项目（15～30 年），由欧盟和日本政府支援了大量资金。工业和信息化部（简称工信部）和中国金属学会承担了管理国家重点科技支撑计划碳捕获、利用与封存（carbon capture，utilization and storage，CCUS）项目之一的"高炉炼铁 CO_2 减排与利用关键技术"，具体包括高炉富氧喷吹焦炉煤气技术，高炉炉顶煤气循环、氧气鼓风炼铁技术，高炉煤气资源化利用关键技术。

2) 冶金在线设备故障诊断、精确监测预报和维护技术

"十一五"期间已有少量生产线应用的设备智能化重要技术，对保障设备安全、稳定工艺与产品质量有重要意义。下一步应加强冶金生产线全部设备全面诊断、监测预报和维护。

3) 钢材性能在线监测、预报和控制技术

"十一五"期间，钢材性能在线监测、预报和控制技术自主研发、引进技术消化吸收都取得了进展。但其在各类钢材生产中全面应用，确保工艺稳定和质量提高还有一个较长的研发过程。主要研究根据化学成分、组织结构、加工变形、温度变化等参数，使用神经网络、遗传算法、模糊控制、专家系统等智能化技术，建立工艺—组织—性能一体化的精确预报控制模型，实现不经成品钢材性能检测，直接向用户供货。

3. 应关注和探索的技术

应关注和探索的技术主要如下：① ≤150℃ 的焦炉荒煤气余热回收技术与污染物处理新技术；②无头轧制技术；③清洁能源在钢铁生产中的应用技术；④CO_2 捕集、存储和利用技术；⑤二噁英、呋喃的检测、预防、治理和 PM 2.5 粉尘检测和治理技术。

（三）行业生态链接

行业生态链接主要是指副产煤气资源化，以及钢铁行业与其他行业及社会的链接技术开发。

二、有 色

对有色金属工业而言，在近 20 年内开发出完全颠覆性的有色金属采矿、选矿、冶炼工艺流程及技术的可能性不大，而应着眼于某一局部（工序）的颠覆性的工艺应用及其对全流程的影响。此类工艺技术主要包括：①处理非常规资源的先进工艺技术；②有色金属节能环保关键技术；③利用信息化技术提升改造传统产业技术；④新型战略性新材料及其制备技术；⑤为未来储备、探索、培养的战略性新兴产业技术。

根据技术、经济分析，选择产业前景好，对于流程工业的改造、升级有显著效果的工艺技术作为新兴战略产业备选。面向"十三五"，应重点探索、研发、推广以下技术。

（1）处理非常规资源的先进工艺技术。作为提取有色金属的非常规资源，可分为一次资源和二次资源两大类。处理一次资源的技术包括：①复杂低品位难处理金属资源温和（和谐）节能高效提取技术及装备；②特色金属矿产资源高效提取清洁生产技术；③矿产资源多专业协同开发综合利用技术。

处理二次资源的技术包括：①固体废弃物低能耗资源化综合利用与处置技术；②废旧车用动力电池及蓄电池回收处理和利用技术；③城市及产业废弃物的生产过程协同资源化处理技术。

（2）有色金属节能环保关键技术。其中，节能技术及装备包括：①大型高效节能采选冶装备研制及国产化；②新一代节能环保冶炼技术；③稀土永磁无铁芯电机等电机节能技术。

环保减排技术包括：①新一代绿色高效选冶药剂研发与应用技术；②重金属污染治理与土壤修复等成套技术及装备；③矿山生态环境保护及综合利用技术。

（3）利用信息化技术提升改造传统产业技术。其主要包括：①数字化、智能化矿山建设技术；②选冶装备大型化自动化控制技术；③重金属在线监测等环境监测技术。

（4）新型战略性新材料及其制备技术。其主要包括：①永磁、发光、催化、储氢等高性能稀土功能材料及其制备技术；②高性能及高纯稀有金属及靶材制备技术。

（5）为未来储备、探索、培养的战略性新兴产业技术。其主要包括：①海底金属矿产资源开发技术及装备；②深井采矿技术和相关装备技术。

三、石　　化

(一)提升现有石化工业需要发展的关键核心技术

1. 多产交通运输燃料的重油与劣质原油加工技术

进一步提高重油、劣质原油加工技术水平，提高资源利用效率。一是开展全流程优化和分子炼油基础研究，开发劣质原油预处理及组合加工技术；二是开发蒸馏装置精细切割和减压深拔成套技术；三是开发沸腾床和浆态床渣油加氢成套技术；四是开发灵活焦化技术、缩短生焦周期的新工艺和高硫焦应用技术；五是开发重油催化裂化与加氢组合成套工艺技术；六是开展重质原油、劣质原油加工整体解决方案研究和高硫、高酸等劣质原油加工工艺流程优化研究。

2. 清洁燃料生产技术

一是开发宽馏分催化重整、固体酸烷基化、C5/C6超强酸异构化等高辛烷值汽油组分生产技术；二是开展低辛烷值损失、高选择性催化汽油加氢脱硫技术研究并实现工业应用；三是开发超低硫柴油液相循环加氢等新一代柴油超深度加氢脱硫技术；四是开发新一代柴油添加剂(十六烷值改进剂、柴油清净剂等)；五是开发C2～C5等炼厂低碳烃综合利用技术。

3. 大型乙烯生产成套技术

一是进一步完善百万吨级蒸汽裂解制乙烯成套技术，2015年乙烯成套技术全面达到世界先进水平，部分单元技术达到世界领先水平；2020年形成世界领先水平的乙烯成套技术。二是形成石油、煤炭、天然气和生物质等原料多元化的乙烯生产技术平台。

4. 大型芳烃生产成套技术

加快创新与集成，形成百万吨级芳烃成套技术。2015年，芳烃成套技术全面达到世界先进水平，部分单元技术达到或保持世界领先水平。2020年，初步形成世界领先水平的芳烃成套技术，形成利用煤炭、生物质生产芳烃的技术平台。

5. 合成材料高性能化技术

加快开发合成树脂、合成纤维和合成橡胶三大合成材料新产品及生产技术。2015年，主要高性能合成材料技术水平达到世界先进水平，高附加值、高性能和差异化新产品基本满足市场需求。2020年，主要合成材料生产技术达到世界一流水平，产品趋向高附加值、高性能，实现差异化、功能化、绿色化发展。

6. 基于物联网的石化产业物流优化系统的研究与建设

利用物联网技术，构建一体化的物流优化系统，实现原油、成品油、化工产品等物流信息的集成共享，优化流程、优化资源、降低储运成本、提升服务水平，实现物流整体效益最大化，大幅度提升物流管理水平，支撑一体化物流调度指挥。主要内容包括物联网基础建设和应用系统开发与建设。

7. 石化企业智慧工厂的研究与建设

利用云计算、新一代移动互联网通信、面向服务架构（service-oriented archi-tecture，SOA）等先进信息技术，构建智慧工厂，使企业信息系统形成有机的整体，全面实现我国石化产业的监控实时化、管理精细化、生产智能化和决策科学化。主要内容包括智慧工厂标准研究与建设、数据源建设、智慧工厂支撑平台开发与建设、应用系统改造提升等。

通过智慧工厂的研究与建设，促进石化企业管理模式的创新，有效提升石油化工企业监控实时化、管理精细化、生产智能化和决策科学化水平，为确保给企业安稳长满优运行、提高产品质量、节能减排、降本增效等提供更有效的支撑，全面提升企业生产经营管控能力和业务协同水平。

(二)培育发展战略性新兴产业的关键核心技术

1. 煤的清洁高效化工利用技术

重点开展煤气化、煤制氢、甲醇合成、甲醇制低碳烯烃 DMTO、煤制天然气（SNG）、煤制乙二醇（CTEG）、煤制油、甲醇制芳烃（MTA）等技术研发，"十二五"期间建设一批煤制氢装置和 3～4 套大型现代煤化工[如甲醇制烯烃（MTO）、CTEG、SNG]生产示范装置，"十三五"期间实现甲醇制丙烯（MTP）、MTA 等技术产业化。到 2015 年形成具有自主知识产权的世界先进水平的煤化工成套技术，为加快发展煤化工产业提供技术支撑。2020 年形成高效、清洁、低碳的煤化工技术，达到世界一流水平。

2. 生物燃料与生物化工技术

开发第二代生物柴油技术、生物航空燃料技术、纤维素制乙醇技术和生物丁醇技术并实现产业化。利用可再生生物质资源，通过生物催化和转换过程生产有机酸和多元醇等生物基化学品，为减少化学品对石油资源的消耗做必要的技术储备，如开发生物法 1，3-丙二醇（1，3-PDO）技术，生物乙醇制乙烯、丁二酸、长链二元酸、L-乳酸等技术，部分实现产业化。

3. 功能性新材料及高附加值精细化学品技术

研发高性能碳纤维、高性能芳纶、高性能超高分子量聚乙烯纤维；开发聚苯硫醚(PPS)、尼龙工程塑料、特种环氧树脂等特种合成材料技术；开发新型催化材料、润滑油添加剂、橡塑助剂、特种溶剂、黏合剂技术等。

4. 绿色低碳节能环保技术

开发炼油化工高效加热炉技术、高能效设备和装备单元集成技术、气化联合循环(integrated casification combined cycle，IGCC)技术；开发煤制油、煤化工污水处理回用技术；改进提升热电厂锅炉及催化裂化装置烟气脱硫脱硝除尘技术；开发厂区排放气集中处理技术、有机废气治理技术及开发炼厂"三泥"处理与回收利用技术；等等。

5. CO_2 捕集、封存和资源化利用技术

开发燃煤锅炉、工业炉等 CO_2 减排及资源化利用技术；开发 CO_2 驱油提高采收率技术；开展以 CO_2 为原料制取化学品等技术研究。

四、化 工

(一)新型煤化工产业工艺及技术

对于近年来发展较快的新型煤化工工艺，包括 MTO、MTA、煤制乙二醇、煤制油、煤制天然气、等离子法制乙炔等，从它们的技术成熟度、经济性、环境影响及应用现状等不同的角度进行分析，并对它们进行对比，选择出效益高、发展前景好的工艺路线，即 MTO、MTA、煤制乙二醇，作为面向"十三五"的煤化工战略性新兴产业推进方向。

1. MTO

烯烃的生产能力是衡量一个国家石油化工发展状况的重要指标。但是，我国的石油资源匮乏，在一定程度上限制了烯烃和芳烃的发展空间。我国的烯烃缺口已达到每年 2 000 万吨以上，因此，如果大力推进发展由煤制甲醇，进而制造烯烃的技术，可以节省大量的石油消耗，对于保障我国能源安全具有重要的战略意义。目前的 MTO 技术已经可以达到 5 吨左右煤制 1 吨烯。如果能够利用 5 000 万吨左右煤炭，制得 1 000 万吨左右烯烃，可以替代原油 1 亿吨。不仅能够缓解我国的石油压力，还可以填补烃类的需求缺口。

工业中的 MTO 一般采用的是甲醇路线，包括煤气化、变换净化、合成甲醇、甲醇制烃、产物分离及加工等单元。

1)技术分析

(1)MTO 技术的反应机理是甲醇先脱水生成二甲醚，然后二甲醚与原料甲醇的平衡混合物脱水继续转化为以乙烯、丙烯为主的低碳烯烃，少量的 C2～C5 低碳烯烃进一步发生环化、脱氢、氢转移、缩合、烷基化等反应，典型 MTO 工艺流程如图 4-3 所示(谢子军等，2010)。MTO 技术已经进入了产业化应用阶段。

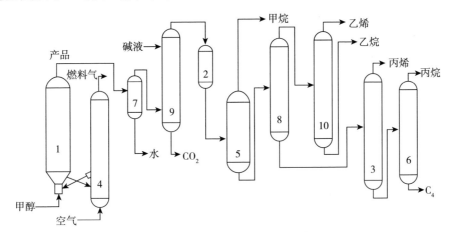

图 4-3 典型 MTO 工艺流程图

注：图中设备标号含义如下：1—流化床反应器；2—干燥塔；3—丙烯分离塔；4—流化床再生器；5—脱甲烷塔；6—脱丙烷塔；7—气液分离塔；8—脱乙烷塔；9—碱洗塔；10—乙烯分离塔

目前 MTO 最具有代表性的工艺技术包括 UOP/HYDRO 工艺、Exxon Mobil (即埃克森美孚)工艺和中国科学院大连化学物理研究所的 DMTO(dimethylether methanol to olefins)工艺技术，这几种工艺已经较为成熟，并已有工业试点。

此外，中国石油化工股份有限公司上海石油化工研究院(简称中国石化上海石化研究院)开发了具有自主知识产权的甲醇制烯烃技术(sino methanol to olefins, SMTO)，目前已在燕山石化建成了甲醇进料规模为 3.6 万吨/年的中试装置。

(2)甲醇制丙烯(MTP)技术是指甲醇首先转化成二甲醚，然后将二甲醚直接转化成丙烯的工艺，它与 MTO 的不同之处主要是所用催化剂对丙烯具有更高的选择性，反应器主要采用固定床形式(梅长松等，2012)。煤制丙烯技术已经进入了产业化应用阶段。

目前工业上普遍采用的是德国鲁奇公司的 MTP 工艺，采用中间冷却的绝热固定床反应器，使用南方化学公司提供的专用沸石催化剂，目前已经有多个工业试点。其中的固定床反应器具有易于放大、风险小、投资少、反应物停留时间一致等特点，可以使产物选择性达到最大值。

在国内，中国石化上海石化研究院从 2003 年起就开始进行 MTP 技术(固定床工艺)的研究，目前已完成了中试。清华大学、中化集团公司(简称中化集团)

和安徽淮化集团有限公司(简称安徽淮化)联合开发了流化床甲醇制丙烯(FMTP)技术,采用流化床进行反应,其工艺试验也已经获得了成功。

2)经济分析

从投资角度来看,以MTO或MTP工艺建设的每万吨级烯烃装置投资为3亿~3.5亿元,而石脑油裂解制烯烃的每万吨级烯烃装置投资为1.6亿~2.0亿元。可见,MTO较石脑油裂解制烯烃的初始投资要大得多。

根据测算,当煤炭的市场平均价格在600元/吨左右的时候,相当于79美元/桶石油价格下石脑油裂解烯烃的成本。目前,国际市场上的原油价格屡屡逼近甚至打破100美元/桶大关。对于煤化工企业而言,大部分自身拥有煤矿,其原料成本可以远低于市场平均价格,因此,MTO与石油路线相比具有很大的竞争实力。

综上所述,煤基甲醇制烯烃的前期一次性投资较大,但根据目前的煤炭和原油市场来看,其总的生产成本比石脑油制烯烃有较大幅度的降低,特别是对于50万吨以上的装置而言,这个成本优势则更为明显。另外,石脑油制烯烃工艺路线受石油资源的制约较大,而我国煤炭资源比较丰富,其价格受外部影响也相对较小。因此,MTO在经济上具有较强的竞争优势。

3)环境分析

表4-1为我国目前建设的炼制烯烃项目的概况。以目前的典型MTO项目为例,其规模为60万吨烯烃/年,消耗煤炭410万吨/年、新鲜水2 000万吨/年;排放废水370万吨/年、废渣88万吨/年、废气250亿立方米/年,其中包括CO_2 660万吨/年。具备煤化工常有的高能耗、高水耗、高排放的特性。每年生产出60万吨烯烃产品,相当于替代了原油400万吨。而同等规模的以石脑油为原料的60万吨/年乙烯项目,需要消耗石脑油200万吨/年、新鲜水1 600万吨/年。排放废气60亿立方米/年、固体废弃物1.8万吨/年。因此,相对已经成熟的石脑油路线,MTO工艺在降低资源消耗和控制污染物排放方面仍需要进一步提高。

表4-1   MTO项目建设一览表   单位:万吨/年

工艺名称	项目名称	建设规模	建设地点	采用技术
MTO	神华包头MTO项目	60	内蒙古包头	大连化学物理研究所DMTO
	神华-陶氏MTO项目	100	陕西榆林	大连化学物理研究所DMTO
	华能MTO项目	20	内蒙古满洲里	不详
	中石化濮阳MTO项目	60	河南濮阳	中石化
MTP	大唐国际MTP项目	46	内蒙古多伦	鲁奇公司
	神华宁煤MTP项目	50	宁夏银川	鲁奇公司

4)应用现状

目前，我国共有MTO工业试点项目4个，总规模240万吨/年；共有MTP工业试点项目2个，总规模96万吨/年。

2. MTA

芳烃主要包括苯、甲苯、二甲苯(p-xylene，PX)，一般称为苯-甲苯-二甲苯混合物(benzene-toluene-xylene，BTX)，芳烃是产量和规模仅次于乙烯和丙烯的重要有机化工原料。目前，我国芳烃短缺的现象较为严重。增加芳烃的产量，扩展芳烃的生产途径，对于保证国家能源安全，维持国内化工产业的健康稳定发展，具有重要意义。

工业上芳烃生产约95%来自于石油化工。由于原油资源的短缺，我国芳烃短缺现象较为严重，2010年我国BTX产量约1 420万吨，表观消费量达1 900万吨，供需缺口约480万吨。其中二甲苯的自给率仅61.6%，净进口332万吨。随着我国聚酯等工业的发展，预计BTX的需求将继续高速增长。

1)技术分析

MTA是指甲醇在催化剂的作用下，经过一系列反应，最终转化为芳烃的过程，产品以BTX为主，副产品主要为液化石油气(liquefied petroleum gas，LPG)。MTA的芳烃理论收率为40.6%，理论上约2.5吨甲醇就可以生产1吨BTX；但是在实际生产过程中由于副产物的存在，通常需要3吨以上甲醇才能获得1吨BTX。

MTA是新型的煤化工工艺，其工业化在世界范围仍属空白，属于需要开发攻关的技术，目前为止还没有连续可靠的工业数据(邹琥等，2013)。

目前，国内最主流的MTA技术为清华大学成功研发的FMTA技术(即流化床甲醇制芳烃技术)，该工艺的生产原料为甲醇，具有完全自主知识产权，采用循环流化床技术，其100吨/年的实验装置已连续稳定运行上千小时，具备了工业化中试条件。

中国科学院山西煤炭化学研究所(简称山西煤化所)也开发了MTA技术。该技术以MoHZSM-5分子筛为催化剂，以甲醇为原料，在380℃～420℃、常压条件下催化转化，经冷却分离将气相产物低碳烃与液相产物分离，液相产物再经萃取分离，得到芳烃和非芳烃。催化剂单程寿命大于20天，总寿命预计大于8 000小时。该技术具有芳烃的总选择性高、工艺操作灵活的优点。

此外，河南煤化集团研究院与北京化工大学也在合作开展MTA技术的研发。

2)经济分析

从投资角度来看，根据现有的MTA试验装置和中试装置所获得的数据进行分析，如果建设一个100万吨/年的MTA项目，所需投资为250亿元左右，原料甲醇消耗量为 300 万吨/年, 产品约为芳烃 75 万吨/年, 重芳烃 25 万吨/年, 同时还副产一定量的液化气。

对该项目的经济性进行分析, 根据测算, 在煤炭价格为 600 元/吨时, MTA 项目的吨产品生产成本约为 7 700 元/吨。对 2006~2012 年中国华东市场纯苯、甲苯、二甲苯进行综合统计, 其价格区间在 4 000~11 000 元/吨波动。通过成本推算, 如图 4-4 所示, 产品价格在 4 000 元/吨时, 只有煤炭成本低于 100 元/吨时, 该项目才有利润。而当产品价格在 11 000 元/吨时, 即使煤炭成本高于 1 000 元/吨, 也有利润可图。

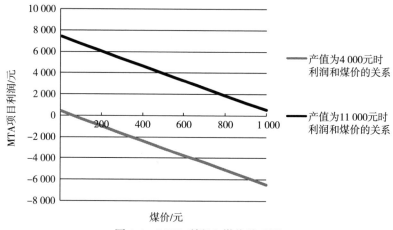

图 4-4　MTA 利润和煤价关系图

综上所述, MTA 项目的前期一次性投资较大, 其盈利情况也根据煤炭市场和芳烃市场的波动有较大的变数。但是从整体来看, 我国的能源结构以煤炭为主, 国内市场的芳烃缺口巨大, 芳烃价格也处于一个稳定的上升通道, 而煤炭价格相对稳定。因此, 随着技术的成熟, MTA 项目在经济上的竞争优势还是十分明显的。

3) 应用现状

2011 年 3 月, 中国华电集团公司(简称中国华电)在陕北能源化工基地榆横煤化学工业区启动了全球首套 MTA 中试装置和工业化项目。项目采用清华大学的 FMTA 技术。按照项目建设计划, 中国华电将先行建设万吨级 MTA 中试装置, 同时启动百万吨级工业示范项目, 规模为 300 万吨/年煤制甲醇和 100 万吨/年 MTA 装置, 总投资 285 亿元, 全部投产后年销售收入将达 348 亿元。

2012 年 2 月 16 日, 采用山西煤化所 MTA 技术, 内蒙古庆华集团的 10 万吨/年 MTA 装置一次试车成功。

3. 煤制乙二醇

乙二醇简称 EG，作为一种重要的有机化工原料，主要用于生产聚酯树脂和防冻剂，此外还可生产不饱和聚酯树脂、润滑剂、增塑剂、非离子表面活性剂及炸药等。目前全球乙二醇消费结构为 83％用于聚对苯二甲酸乙二醇酯（polyethy-lene terephthalate，PET）聚酯生产，11％用于冷却液生产，其余用于其他方面。我国的乙二醇消费结构为 96％用于 PET 聚酯生产，其余用于其他方面。

我国乙二醇生产企业主要分布于沿海地区，只有少量的企业分布在内陆，该分布局势主要受到原料和下游产品生产地影响。我国乙二醇生产分布与 PET 聚酯生产分布相比有很大的相似性。

虽然我国的乙二醇生产能力和产量增长较快，但由于聚酯等工业的强劲需求，生产的乙二醇仍不能满足国内市场日益增长的需求，每年都需大量进口，且进口量呈逐年增加的态势。国内乙二醇产能不足，进口依赖度高，由于原材料资源短缺、生产成本不具优势及煤制乙二醇技术尚未大规模产业化，国内乙二醇产能扩张一直相对缓慢，供需缺口需要通过大量进口来弥补。2011 年国内乙二醇产能约 380 万吨，产量为 303 亿吨，但表观消费量 1 027 万吨，进口依赖度高达 70％。

1）技术分析

当前较为成熟的技术是由日本宇部开发的气相草酸酯法，在 80℃～150℃、0.5 兆帕下 CO 与甲醇气相生产草酸酯，再气相加氢生产乙二醇。1978 年，日本宇部首次将亚硝酸甲酯引入草酸二甲酯合成，1983 年建成 1 吨/月草酸二甲酯装置，并建成草酸酯加氢装置生产乙二醇，获得聚酯级乙二醇，加氢催化剂经过 4 000 小时试验，性能稳定。1993 年，日本宇部建成 6 000 吨/年气相甲醇羰基化法碳酸二甲酯装置，生产至今。我国煤基乙二醇技术由中国科学院福建物质结构研究所、江苏丹化集团、上海金煤化工新技术有限公司合作开发。此外，还有其他制乙二醇的方法：①直接法，即合成气在催化剂下直接合成乙二醇，能耗低，但压力高，选择性低，目前处于研究阶段。②液相草酸酯法，即由日本宇部和美国联合碳化物公司（Union Carbide Corporation，UCC）开发，在 90℃和 9.8 兆帕下 CO 与丁醇液相生产草酸酯，再液相加氢生产乙二醇，未见大型工业化报道。③甲醇法，由日本工业技术院化学技术研究所研发。以甲醇和 CO 为原料，在丙酮和催化剂锈化合物存在下，光照射激发丙酮酸基化合物，由醇脱氢得到羟亚甲基和四甲基乙二醇，然后进行偶联得到乙二醇。

2）经济分析

万吨煤制乙二醇的能耗如表 4-2 所示（按开车时间 8 000 小时/年计）。

表 4-2　万吨煤制乙二醇的能耗

项目	原料煤	燃料煤	水	电	甲醇
能耗量	1.85 万吨/年	1.79 万吨/年	36.7 万吨/年	0.13 亿千瓦时/年	0.1 万吨/年

核算出的乙二醇的单位成本约合 4 500 元/吨, 目前乙二醇市场价格为 5 500~6 500 元/吨。目前实现工业化的企业只有 4 家, 工业化项目共有 6 个, 合计产能 90 万吨/年。这主要是因为虽然企业实现流程打通, 但催化剂及设备问题仍未解决, 其生产成本并没有想象得那样低廉, 大概为 5 000 元/吨。

3) 环境分析

草酸二甲酯合成装置使用的亚硝酸甲酯属于高爆性化合物, 在空气中的爆炸范围很宽, 遇水也会发生爆炸, 因此需要对其装置的生产过程进行安全监控。煤制乙二醇的造气和净化装置与大宗产品合成氨类似, 造气净化装置的能耗和污染较大, 故在造气净化装置选择上需要谨慎。

煤制乙二醇三废排放量与其他现代煤化工项目相比较少, 但能源消耗大, 其中水资源的消耗较大。

4) 应用现状

随着我国煤制乙二醇技术逐渐成熟及其产业化的迅速发展, 我国煤制乙二醇产业迅速兴起。2009 年我国第一家煤制乙二醇企业——内蒙古通辽金煤有限公司 20 万吨级乙二醇示范项目竣工, 2011 年顺利打通流程。目前流程及技术基本成熟, 产品已基本达到要求。之后又有多家企业开始进行煤制乙二醇项目的策划, 如表 4-3 所示(李学强等, 2014)。

表 4-3　国内在建及拟建煤制乙二醇项目

公司名称	所在地	产能/万吨	备注
通辽金煤	通辽	20	已投产
通辽金煤	通辽	40	拟建
河南煤业/通辽金煤	濮阳	20	已投产
河南煤业/通辽金煤	新乡	20	已投产
河南煤业/通辽金煤	安阳	20	已投产
河南煤业/通辽金煤	商丘	20	在建
河南煤业/通辽金煤	洛阳	20	试车
鹤壁宝马集团	鹤壁	5	在建
鹤壁宝马集团	鹤壁	20	拟建
华鲁恒升	德州	5	已投产

公司名称	所在地	产能/万吨	备注
安徽淮化	淮南	10	在建
新疆天业	石河子	5	已投产
新疆天业	石河子	20	在建
开滦化工	鄂尔多斯	2×20	拟建
中石化湖北化肥厂	枝江	20	在建
黔西煤化工	贵州毕节	30	拟建
博源控股集团	锡林郭勒	20	在建
亿利资源集团	鄂尔多斯	30	在建
惠生集团	鄂尔多斯	30	拟建
内蒙古易高煤化	鄂尔多斯	20	拟建
华维能源	鄂尔多斯	20	拟建
东海新能源	鄂尔多斯	3×20	拟建
陕西廷长石油	榆林	20	拟建
陕西煤业化工集团	渭南	20	拟建
榆林天鸿煤化工	榆林	30	拟建
贵州开阳化工	贵阳	40	拟建
新疆宝泰隆	昌吉回族自治州	20	拟建
新疆生产建设兵团农十师	阿勒泰	22	拟建
国电盛世煤电	双鸭山	40	拟建
襄矿泓通	长治	20	在建
阳泉煤业	阳泉	40	拟建
埃新斯新气体公司	枣庄	40	拟建

4. 煤制油

煤制油也称为煤液化，它包括直接液化、间接液化和甲醇制汽油(methanol to gas，MTG)三种方法。其中，直接液化是指利用合适的煤种直接加氢反应制得油品；间接液化是指先进行煤气化，净化后的煤气再通过费托合成反应制得油品；MTG 是指先通过煤炭制得甲醇，再利用甲醇合成汽油的工艺流程。

1)技术分析

(1)煤间接液化的关键技术主要涉及如下两方面：一是 F-T 合成反应器。F-T 合成反应器主要包括列管式反应器、循环流化床、固定流化床、浆态床反应器四种。其中，浆态床反应器具有反应物混合充分、传热性能好、控温简单等特点，可以作为 F-T 合成反应的首选。目前浆态床反应器已经进入了产业化应用阶段。1996 年，南非沙索公司实现了浆态床 F-T 合成技术的工业化。在国内，山西煤炭化学研究所的浆态床技术已经达到了世界先进水平。二是 F-T 合成催化剂。F-T 合成反应中可以工业化应用的催化剂包括钴基催化剂和铁基催化剂。钴基催化剂的价格相对较高，而铁基催化剂廉价易得，活性较高。同时，铁基催化剂通过添加电子助剂和结构助剂来改善催化剂的寿命、强度和稳定性，因此，可以作为 F-T 合成反应的首选催化剂。目前铁基催化剂已经进入了产业化应用阶段。其中，山西煤化所自主研发的合成铁基催化剂各项指标都已经达到了世界领先水平，很好地解决了催化剂在床层中的分布与控制、产物与催化剂分离等高效浆态床反应器的关键技术问题。

在国外，南非的沙索公司早在 20 世纪 50 年代就开发了 F-T 合成技术，已经成功地进行了工业应用并运行了 50 年以上。此外，荷兰壳牌（Shell）公司的中质馏分合成（SMDS）间接液化工艺技术、丹麦托普索（Topsoe）公司的一体化汽油合成（TIGAS）技术、美国埃克森（Exxon）公司的天然气合成油（AGC）技术也属于煤间接液化，不过都没有进入大规模的工业应用阶段。

（2）直接煤液化的关键技术包括：①系统设备的可靠性。通过常减压蒸馏分离循环制浆溶剂技术、催化剂在线更换技术、强制循环式悬浮床反应器等技术，可以提高系统设备的可靠性，避免流程中气、液、固三相共存所带来的问题。目前，这些技术已经进入产业化应用阶段。鄂尔多斯神华煤制油项目所采用的便是这些技术的结合，已经收到了良好的效果。②直接液化反应催化剂。煤直接液化反应所使用的铁基合成催化剂，具有价格低廉、反应活性高等特点。目前，该催化剂的应用已经进入产业化阶段。我国煤炭科学研究总院和神华集团合作开发的合成催化剂，通过含铁矿石和工业含铁废渣制备，可以在线更换，同时解决了煤液化反应器中易于沉积的问题。

在国外，德国的 IGOR 工艺（即煤液化精制联合工艺）、俄罗斯的 FFI 工艺（即煤加氢液化工艺）、日本的 NEDOL 工艺（即煤直接液化工艺）及美国的 HTI 工艺（即煤直接液化工艺）都属于典型的煤直接液化技术，不过这些技术目前鲜有工业化应用的案例。

（3）MTG 技术（郭春垒等，2013）。MTG 技术的基本原理是甲醇首先在质子酸催化作用下脱水生成二甲醚，进一步转化生成低碳烯烃，在 ZSM-5 催化剂总酸性作用下进一步实现择型转化反应，最终得到烷烃、烯烃和芳烃的混合物，即典型的汽油组分。MTG 过程是一个中等强度的放热反应，每转化 1 千克甲醇所放出的热量大约为 1.74 兆焦。

甲醇转化为汽油从化学计量上讲，烃类组分收率为 44%，水为 56%。在

44%的烃类产物中，还有一部分不能进入汽油的组分中，这部分作为类似于液化石油气的副产物产出。

20世纪70年代，埃克森美孚公司开发了MTG工艺路线，该路线采用了固定床技术，使用ZSM-5催化剂。90年代后期，公司再一次改进后推出采用流化床、列管式反应器等技术的MTG工艺。催化剂是该工艺路线的核心技术，通常情况下ZSM-5催化剂的单程寿命为20天左右。Mobil公司固定床工艺中二段催化剂的单程寿命约为20天，总寿命约为1年。

在国内，山西煤化所、赛鼎工程有限公司、云南煤化工集团有限公司联合开发了一步法MTG工艺，该工艺以改性ZSM-5分子筛为催化剂，通过固定床绝热反应器，将甲醇一步转化为汽油和少量LPG。其显著优点是工艺流程短，汽油选择性高，催化剂稳定性和单程寿命等指标均优于已有技术，反应产物中汽油选择性可达37%～38%，辛烷值为93～99，并具有低烯烃含量(5%～15%)、低苯含量和无硫等特点。该工艺的催化剂单程寿命可以达到22天以上。

2) 经济分析

从投资的角度来看，煤直接液化制油的投资费用约为1亿元/年产1万吨油品，煤间接液化制油的投资费用约为1.4亿元/年产1万吨油品，而MTG的投资费用高达2亿元/年产1万吨油品以上。因此，建设经济规模300万吨/年以上项目的投资将超过300亿元，属于高投入项目。

通过测算，如果按照煤炭价格600元/吨测算，煤间接液化制油项目成本对应的油价大约为70美元/桶，而MTG制油项目成本对应的油价将达到85美元/桶以上。也就是说，若国际原油价格维持在80美元/桶，则煤制油盈利空间基本为零。目前，内蒙古神华煤制油项目由于原料是自产的煤炭，因此成本可以控制在50美元/桶以下，实现一定的盈利。而晋煤集团天溪煤制油分公司(简称晋煤天溪)MTG项目的盈利空间则非常有限。煤制油项目是人才、技术、资金密集型的高投入、高耗能项目，投资风险大。目前无论是产品方向、工艺路线、技术装备，还是运营管理、经济效益等方面都存在许多不确定因素。

对与煤制油竞争的普通炼油项目来说，目前国家新建的1 000万吨级别大炼油项目的投资额大约为200亿元。近几年来，由于通货膨胀及原油价格的高位运行，炼厂的石油炼制工段的利润已经非常低，甚至可能达到负数。

3) 环境分析

根据南非沙索公司的煤液化项目数据显示，其煤炭液化规模为760万吨，耗煤4 590万吨，折成每吨油耗煤6.04吨。而按设计转化效率最高的神华煤直接液化制油项目，产1吨油消耗优质煤3吨，折成热值约21千焦/千克煤的耗煤量为4.2吨。

以目前的煤制油技术水平，生产1吨油往往需要4～5吨煤，其热能利用率约为 50%，若按南非的煤耗 6 吨计，其热能利用率仅为 33.3%。同时，通过直接液化方法生产 1 吨油的耗水量为 7 吨左右，而通过间接液化方法生产 1 吨油的耗水量可达到 10～12 吨。

煤制油加入的氢来源于煤气化制取 CO 和 H_2，并将 90% 有效气体变换而得。煤气中 CO 占 70%（体积分数），H_2 仅占 30%（体积分数），其中，CO 又需进行水煤气变换成 H_2，同时产生 CO_2，然后将 CO_2 脱除而取得 H_2。煤制 1 吨油品就大约排放 3.6 吨的 CO_2，加之煤液化的其他环节，则产生并排放的 CO_2 在 9 吨左右。因此，建设 300 万吨/年的煤制油项目一年就要排放出 2 000 万吨以上的 CO_2。

若考虑规模为 600 万吨/年的炼油项目，产生的主要排放物为废水 550 万吨/年，废渣 4 万吨/年，SO_2 2 500 吨/年，粉尘等 750 吨/年。

综上所述，从环境角度考虑，煤制油所造成的环境影响要远远大于同等规模，甚至更大规模的石油炼厂的环境影响。

4）应用现状

目前，国内共有煤制油工业试点项目 7 个，总生产规模达到 676 万吨/年，如表 4-4 所示。内蒙古伊泰煤制油项目、内蒙古神华煤制油项目、山西潞安煤制油项目和晋煤天溪煤制油项目已经实现了长周期的稳定运行。

表 4-4　煤制油工业试点一览表　　　　　　　单位：万吨/年

工艺类型	项目名称	建设规模	建设地点	采用技术
间接液化	内蒙古伊泰煤制油项目	16	内蒙古鄂尔多斯	山西煤化所浆态床
	山西潞安煤制油项目	100	山西潞安	山西煤化所浆态床
	神华宁煤煤制油项目	400	宁夏银川	山西煤化所浆态床
直接液化	内蒙古神华煤制油项目	100	内蒙古鄂尔多斯	煤炭科学研究总院
MTG	晋煤天溪煤制油项目	10	山西晋城	埃克森美孚公司
	云南解化煤制油项目	40	云南昆明	山西煤化所
	内蒙古庆华煤制油项目	10	内蒙古阿拉善盟	山西煤化所

5. 煤制天然气

1）技术分析

工业中煤制天然气的路线一般包括煤气化、变换、净化、甲烷化等单元，其中，甲烷化单元为核心工艺。目前，世界上主要有三种合成气甲烷化工艺，大多数的工业化装置都采用了这三种技术。

最早的合成气甲烷化技术是鲁奇公司与南非沙索公司在 20 世纪 70 年代开发的，CO 转化率达 100%，CO_2 转化率达 98%，制备的天然气中甲烷含量高达

95%。世界上第一家煤制天然气的商业化工厂——美国大平原煤制天然气厂采用的便是鲁奇甲烷化技术。

丹麦托普索公司在 20 世纪 70 年代后期开发了甲烷化循环工艺技术。反应在绝热条件下进行，反应产生的热量会导致很高的温升，通过循环来控制第一甲烷化反应器的温度。其工艺一般有 3～5 个反应器，在生产天然气的同时，产出高压过热蒸汽。虽然投资较高，但能够解决空间有限的问题。

戴维公司的甲烷化技术(CRG)也会产出高压过热蒸汽。此外，其催化剂具有变换功能，合成气不需要调节 H/C 比(即氢碳比)，转化率高。催化剂使用范围很宽，在 230℃～700℃范围内都具有很高且稳定的活性。

在国内，中国科学院大连化学物理研究所、煤科总院北京煤化所、中国科技大学、西北化工研究所、华东理工大学及上海煤气公司等也都在进行煤气甲烷化的研究工作。其中，中国科学院大连化学物理研究所进行了常压水煤气甲烷化、加压耐硫甲烷化及低压耐硫甲烷化技术的研究开发。西北化工研究院已经完成了两段煤气甲烷化催化剂及多段固定床甲烷化工艺中间试验。

2)经济分析

以一个规模为年产 10 亿立方米的煤制天然气项目为例，每年需消耗煤炭 400 万吨，电力 1.7 亿千瓦时，总成本费用约合 11 亿元，相当于天然气生产成本为 1.1 元/立方米。该项目产值可达到 18 亿元/年，利润可达到 8 亿元/年。

年产 20 亿立方米的煤制天然气项目初始的投资额约为 150 亿元，选择不同的煤气化技术和甲烷化技术对投资额的影响不是很大。

而作为竞争者，普通的规模为年产 20 亿立方米的天然气开发项目投资额约为 120 亿元，开采成本约为 0.3 元/立方米。

综上所述，煤制天然气项目在投资额上略高于普通的天然气开发项目，而在生产成本上约为普通天然气开采成本的 3 倍以上。不过总体来说，我国的天然气受管制严重，价格严重低估，随着我国天然气定价逐渐与国际接轨，煤制天然气路线的经济效益还是可观的。

3)环境分析

目前煤制天然气项目的能源转化效率较低，根据不同的原料性质和工艺技术，转化率在 50%～66%，虽然在当前的煤化工产品中效率较高，但仍低于炼油厂的 90%、天然气化工 75%左右的效率。以当前的技术水平，一个 20 亿立方米的煤制天然气项目排放的 CO_2 约为 1 000 万吨/年。同时，20 亿立方米的煤制天然气项目耗水量约为 1 500 万吨/年。

而对于普通的天然气开发项目，由于设备和技术原因，会在开采过程中泄漏少量的甲烷及其他的有机化合物，对空气和地下水系统造成污染。

综上所述，煤制天然气项目的耗水量很高。同时，虽然甲烷的温室效应高于

CO_2，但由于煤制天然气的 CO_2 排放量巨大，所以其总体的温室效应也要远高于普通的天然气开采。总体来说，煤制天然气的环境影响还是非常大的。

4）应用现状

目前，国内的煤制天然气试点项目较多，主要集中在新疆、内蒙古等煤炭资源丰富，但是经济发达程度一般的地区，制得的天然气用于满足西气东输工程，表 4-5 列出了一些主要的煤制天然气项目建设情况。

表 4-5　煤制天然气项目建设情况　　　单位：亿立方米/年

项目名称	建设规模	建设地点	采用甲烷化技术
大唐克旗煤制天然气项目	40	内蒙古克什克腾旗	戴维公司技术
大唐阜新煤制天然气项目	40	辽宁阜新	戴维公司技术
新天煤制天然气项目	20	新疆伊宁	戴维公司技术
新疆庆华煤制天然气项目	55	新疆伊宁	托普索公司技术
汇能煤制天然气项目	16	内蒙古鄂尔多斯	托普索公司技术

6. 等离子体法制乙炔

1）技术分析

目前制乙炔的传统流程是用焦炭与石灰石在电炉内加热到 2 000℃左右熔炼成电石，进而与水反应生成乙炔。这个工艺消耗电能过大，而且生产过程会有大量的废渣、废水、废气等污染物产生。近年来，采用等离子体炉直接由煤粉一步合成乙炔的技术进展较快，得到了广泛的关注。

等离子体是由离子、电子、分子、原子、自由基组成的完全电离或部分电离的气体。常用的低温等离子体，又分成热等离子体和冷等离子体。其中，热等离子体可以提供裂解煤制取乙炔所需要的反应环境。在电弧等离子体发生器中由电弧加热工作气体并形成高温、高速的热等离子体射流，后者进入等离子体反应器，形成中心温度在 5 000℃的等离子体氛围。同时将煤粉喷入等离子体反应器中，在高温作用下快速裂解，生成乙炔混合气。乙炔在高温下很容易分解，因此在反应段下游出口处用淬冷水对气体产物进行快速冷却，然后进入气、液、固分离器中进行分离，分离后的混合气送入纯化工段，得到纯的乙炔产品气。等离子体炉的结构示意图如图 4-5 所示。

2）经济分析

从目前的中试装置情况进行推算，等离子体制乙炔项目的投资额要低于同等规模的电石法制乙炔的投资额。同时，其运行费用也略低于电石法制乙炔，具有经济上的可行性。

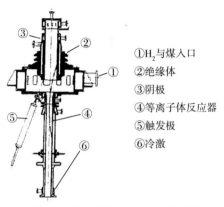

①H$_2$与煤入口
②绝缘体
③阴极
④等离子体反应器
⑤触发极
⑥冷激

图 4-5　等离子体炉的结构示意图

3）环境分析

目前，若采用电石水解法制取乙炔，每生产 1 吨电石要耗水 10 吨以上，耗电 4 000 千瓦时左右。同时，电石水解每生产 1 吨乙炔，要产生近 3 吨的电石渣，如何对其进行合理处置一直是电石工业界的难题。

等离子体炉技术没有石灰石参与反应过程，因此减少电耗 30％以上，而且可以很大程度上减少废气、废水、废渣的产生。相比于传统的电石路线，等离子体炉技术具备很大的环境优势。

4）应用现状

新疆天业集团、中国科学院等离子体物理研究所、复旦大学现代物理研究所、浙江巨化集团联合开展了 H$_2$ 等离子体裂解煤制乙炔的中试实验研究，2003～2004 年在合肥设计建造了年产乙炔 1 600 吨的中试装置，其等离子体矩输出功率为 2 兆瓦。在 2005～2007 年的试验运行期间，最长一次连续运行时间约为 100 分钟，矩输出平均功率为 1.8 兆瓦，实验测得乙炔的浓度为 8.5％（体积比）。

该中试装置气体分离前乙炔的能耗最好指标达到 10.5 千瓦时/千克，低于污染治理费用外的电石法生产乙炔综合能耗的 15.0 千瓦时/千克。

7. 新型煤化工路线的对比分析

根据前文的分析，便可以对各条新型煤化工路线进行综合评价和对比，选择出适合于面向"十三五"的煤化工战略性新兴产业。

（1）烯烃。乙烯和丙烯都为我国目前缺口较大的大宗战略性化工产品，当量自给率不足 50％。目前，MTO 和 MTP 的工艺技术都较为成熟，尤其是 MTO，我国的技术已经处于世界领先水平。在国内，已有多家 MTO 或 MTP 工业试点投产或在建，有些已实现较长时间的稳定运行。同时，和石油化工路线相比，它们在经济性上具有较强的竞争力，其下游也有较大的产业链延伸潜力。因此，应该将 MTO 和 MTP 列为煤化工战略性新兴产业工艺路线。

（2）芳烃。芳烃为我国目前缺口较大的重要化工产品，国内的催化重整装置基本都用于制取芳烃，但依然无法实现自给。MTA 这项工艺技术虽然没有完全成熟，但应用清华大学和山西煤化所技术的大型项目都已经在国内启动，规模已达百万吨级，且进展顺利。根据目前的芳烃和煤炭的市场情况，MTA 项目在经济性上具有较强的盈利能力，其下游也有较大的产业链延伸潜力。因此，应该将 MTA 列为煤化工战略性新兴产业工艺路线。

（3）乙二醇。乙二醇为我国缺口较大的重要化工产品，目前主要由环氧乙烷法生产，进口依赖度高达 70%。在国内，中国科学院福建物质结构研究所（简称福建物构所）的煤制乙二醇的技术路线已经较为成熟，已经有数家大型的工业试点项目建成或在建，总规模接近百万吨级。此外，煤制乙二醇的经济效益每吨可达数千元，在所有的煤化工路线中最为可观。因此，将煤制乙二醇列为煤化工战略性新兴产业工艺路线。

（4）成品油。我国成品油的原料——原油对外依存度已经达 50% 以上。煤制油工艺技术虽然还没有完全成熟，但已经建成数个大规模的工业试点项目。然而，由于只适合发展大型项目，煤制油项目在初期的一次性投资非常高，投资风险较大。通过效益分析可知，其能否盈利也并不确定，主要还是取决于煤炭和原油的市场价格。此外，煤制油的耗水量和 CO_2 排放量都非常高，远大于炼厂的环境影响。因此，煤制油技术应主要着眼于国家战略安全，作为战略技术储备，不宜大规模推广。综上，不建议在"十三五"期间将煤制油列为优先发展的工艺路线。

（5）天然气。根据我国富煤少气的资源禀赋，煤制天然气有着较好的发展推动力。但是目前我国并不掌握关键的甲烷化技术的工业化应用方法。从经济性来看，煤制气与天然气开采相比并无竞争优势，只能在一些煤炭价格便宜且不易运输的地区发展，用于西气东输。此外，随着页岩气等新兴化石能源的开采和利用技术的突破，煤制天然气工艺的前景并不乐观。因此，不建议在"十三五"期间将煤制天然气列为优先发展的工艺路线。

（6）乙炔。采用煤粉等离子体法制取乙炔，可以比传统的电石路线实现更好的经济效益和环境效益。但是，该工艺在技术方面还不够成熟，多年以来一直停留在中试阶段，难以进行工业化放大。而且从目前的情况来看，即使实现了工业试点，其生产规模和电石路线也是无法匹敌的。因此，不建议在"十三五"期间将等离子体法制乙炔列为优先发展的工艺路线。

而从产业规模和产业链发展综合来看，建议将煤制大宗化工原料列为战略性新兴产业路线，不建议优先发展煤制燃料路线，与上述分析结果相同。首先，我国大宗化工原料的产量和消费量都比较固定，增长缓慢，即使对相关煤化工路线持宽松的政策，产业规模的总量也会在一个可控的范围内。对于成品油等燃料来说，随着国内机动车保有量的增加，其消费量会高速增长。如果放任煤基燃料项目发展，很可能会达到一个不可控的规模，产生巨大风险。其次，大宗化工原料的深加工潜力很大，可以用于生产不同的高附加值产品，在经济性上具有较大优势。而燃料则主要用于直接消费，无深加工的可能性，一旦原油价格发生剧烈波动，会对此类项目造成严重打击，因此不推荐发展。

（二）战略培育型微化工产业工艺及技术

1. 微化工系统及技术

微化工系统是综合了反应、换热、传质、混合、控制、分析的高度集成系统，整个系统中涉及了以下各个方面技术的支撑。

（1）微反应技术。微反应是把化学反应控制在尽量小的空间内，各种化学反应均发生在当量直径介于微米和毫米之间的微通道反应器中。微反应系统可大大提高单相或多相的快速强放热反应过程的混合和传质速率，由于微通道反应器良好的换热能力，反应过程的飞温可以得到有效的抑制。对于存在有毒物质的系统，由于反应器体积和试剂用量都很小，可以有效降低有毒物质泄漏的危险。微通道反应器除了具有较强的换热能力外，还具有径向混合效果好的特点，快速反应可达到很短的停留时间。

（2）微换热技术。与传统换热器相同，微型换热器也是通过固体壁面两侧的流体实现热量交换的设备，其主要特点是流体被微通道分割为许多空间尺寸极为细小的分支流体，分支流体主要表现为层流，由于微型换热器的紧凑型设计，温度梯度和比表面积的增大使得传热效率得到极大的提高。

（3）微混合技术。由于微混合器的通道尺寸很小，流体几乎都处于层流状态。与传统的直接搅拌沉淀法、微乳液法、溶胶-凝胶法等液相制备技术相比，具有明显的优势。混合机制是由流体间在接触界面上的分子扩散达到混合，而且这个过程通常是在很薄的流体层之间进行的，薄层的形成主要是将主体流体通过微通道以形成很多细小的直流。由此可见，微混合器具有很大的接触面积和很短的扩散路径。新型的微混合反应技术作为一种高效的制备超细材料的方法具有后处理简单、可控性高的优点，将会在不远的将来实现工业化。

（4）微分离技术。与传统的大型化工过程的分离机械大为不同，微分离是伴随生命科学的迅猛发展而发展起来的一项新的技术。微分离技术是一种分辨率强、检测灵敏度高和分析速度快的分析设备和方法，以毛细管电泳、色谱学为主要内容。以毛细管电泳技术为核心技术，以芯片为操作平台的微流控芯片是微分离设备进一步微型化和集成化的具体体现。微分离技术是多种高新技术的综合体现，它必将在生命科学、环境科学、化学化工和食品工业等众多领域发挥更大的作用。

（5）催化剂制备技术。虽然微反应器具有大的比表面积，但与颗粒催化剂相比小3个数量级，而且其主体体积小，在构型和尺度方面与传统的反应器有明显的差异，因此在微反应器内制备出高效催化剂是微反应技术能够成功应用的关键技术之一。由于微反应器内绝对的表面积很小，与蜂窝整体催化剂类似，首先在基体上制备过渡涂层（wash-coating）作为催化活性组分的实际载体，以提高比表面积，再于此载体上制备出催化剂。常用方法有本体材料法和壁载化技术。

（6）微细加工技术。制作微反应器的微加工技术，因微反应器的性能和材料而异。目前用于制作微反应器的微加工技术主要有单晶材料的整体微加工技术，低压等离子体或离子束干式刻蚀法，玻璃及金属薄片的湿式化学刻蚀，光刻、电铸和塑模（lithographie，galvanoformung，abformung，LIGA）相结合的工艺，微模塑技术，微电火加工技术和激光烧蚀技术等。通常微反应器的制作需综合运用多种微加工技术，如脱氢/加氢微膜反应器的制作就应用了低压化学气相沉积法和湿法氧化刻蚀等多种技术。

随着微通道内单元操作与化学反应研究的深入，可以预见，各种与微化工相关的技术必将获得更为广阔的发展空间。它不仅在微反应系统中获得越来越多的应用，还将作为一个标准配置的功能单元被集成到现有的常规工艺路线中去。但微反应器还是一项处于快速发展中的新技术，模块的设计制造尚未形成统一标准，各个单位及公司的微反应器系统差异很大；同时微反应器技术尚处于推广普及阶段，市场规模较小，模块的加工制造不能形成大批量生产，导致模块的制造成本较高，这在一定程度上阻碍了微反应器技术的普及和应用。

2. 微化工应用方向之过程强化

在地球资源日趋枯竭、环境污染日益严重的今天，化学工业迫切需要向资源节约型和环境友好型发展模式转变，而针对复杂化工体系利用过程强化技术来推动和促进这一转变过程则是化学工业的必由之路。通过过程强化技术开发新型、高效的生产工艺，或对传统工艺进行改造和升级，使过程的能耗、物耗和废物排放大幅度减少，必将从根本上变革化学工业的面貌。

微反应器适合化工过程中涉及的近50%的化学反应，根据多年工作经验总结出它的优势集中体现在以下类型的反应上。

1）放热剧烈的反应

对于这类反应，常规反应器一般采用逐渐滴加的进料方式，即使这样，在滴加的瞬间局部也会过热，造成一定量的副产物。而微反应器能够及时导出热量，对反应温度实现精确控制，消除局部过热，因此能够显著提高反应的收率和选择性。

2）反应物或产物不稳定的反应

某些反应的反应物或生成物很不稳定，在反应器中停留时间一长就会分解而降低收率。微反应器是连续流动的系统，可以精确控制反应物的停留时间。

3）对反应物配比要求很严的快速反应

某些反应对配料比要求很严格，其中某一反应物过量就会引起副反应（如要求单取代的反应，就可能有二取代物和三取代物产生）。由于微反应器系统可以瞬间达到均匀混合，避免局部过量，副产物可减少到最低。

4）危险化学反应及高温高压反应

对于某些易于失控的化学反应，一旦失控，就会造成反应温度急剧升高，压力急剧增加，引起冲料甚至爆炸。而微反应器的反应热可以很快导出，因此反应温度可以有效控制在安全范围内，使失控的风险降到最低；微反应器中又是连续流动反应，即使发生不测，在线的化学品量极少，造成的危害也是微不足道的。因此，微反应器非常适合此类反应。

目前微化工技术已应用于医药、农药和染料中间体合成领域，用来生产精细高值化工产品。常见的应用包括强放热过程、有毒有害刺激性气体产生易燃易爆过程、危险品生产等，如硝化、氟化、重氮化、氧化、磺化、中和、加氢、还原、过氧化、酰胺化、高温重排等反应。

常见的强放热、高温高压、迅速反应过程中的应用实例如下。

（1）硝化反应。硝化作为一种重要的化工单元过程，早在 19 世纪末就已经大规模应用于工业，至今仍是化工过程中最普遍的单元操作之一。金属硝化反应属于快速强放热反应，产物常为有毒、易燃易爆化学品，并且反应过程容易伴有各种副反应。因此，对于工业生产，硝化反应具有极大的潜在危险，容易引发事故，且产物纯度和选择性受到限制。

微通道反应器是一种新型反应器，其由微尺度带来的高效传质传热及易于放大等优点为提高工业生产安全性、实现生产过程强化提供了一种全新的平台。硝酸酯是一种敏感度较高的炸药。为保证反应安全进行，传统醇硝化方法常在 −10℃～10℃ 条件下进行，大规模生产时操作难度大、能耗高，且仍无法完全避免事故的发生。相较于传统反应器，微通道反应器中的压力、温度、停留时间和流率都更容易进行精确控制，极大地降低了强放热或者具有爆炸性反应的危险性。康宁股份有限公司完成了在玻璃材料制造的微反应系统内实现二元醇选择硝化反应的中试规模研究，达到了预定的效果。中国科学院大连化学物理研究所也开展了硝酸异辛酯合成的实验室规模研究，在 25℃～40℃ 的反应温度下，微通道反应器内的硝化过程能平稳安全地进行，数秒的反应时间内，转化率和选择性均达到 99%（陈光文等，2009）。

（2）氟化反应。氟化反应是典型的强放热反应过程，易爆、安全性低，很难大规模生产。在微反应器中直接进行氟化反应，成功地控制了 β-二羰基化合物的氟化反应进程。在此反应中，用注射器将反应液注入反应器中，氟气混在氮气流中进入反应器，反应器通道尺寸约为 500 微米，反应液经过通道覆盖器壁，气流经过通道中心，从而为反应的进行提供更大的接触面积，进而减少了停留时间并获得了较高的产率，转化率达 99%，产率达 73%。另外，利用微反应器也最大限度地减小了氟化反应中铁和氟化氢的用量，使反应能比较安全地进行。

（3）重氮环化反应。重氮环化反应与硝化和氟化反应相似，通常伴有强放热现象，有时还释放出大量氮气，带有极大的危险性。在常规装置中，−25℃时该反应产率达到 90%，但重氮化合物的加入易导致反应温度迅速上升到 45℃，并有氮气生成，反应放热剧烈，一旦温度控制不好，就会因短时间内释放大量氮气而引起冒料。将微反应器技术应用于重氮环化反应，保证相同的小试条件，反应 1.8 分钟，产率达 89%，而且以 91 克/时的速度合成了产品，收率与小试收率几乎一致。通过微反应器快速传热防止了危险的发生，同时减少了副产物生成，进而保证了产率和安全性。

（4）氧化反应。在银催化下，甲醇制甲醛是重要的工业合成甲醛的方法。在一个大气压，850K～923K 温度范围内，甲醛与空气摩尔比约为 1∶1 时，该反应为强放热反应，需要在极短时间内（约 0.01 秒）接触反应，并产生大量的副产物。为克服以上问题，有人将微反应器应用于甲醇的氧化反应。使用碳玻璃微反应器后，在温度 783K，接触时间 3 毫秒的条件下可得到很高的转化率（约 75%）和选择性（约 90%）。

（5）磺化反应。甲苯的磺化是一个极其复杂的反应过程。其是一个快速、强放热过程，因此，需要对反应温度、反应物浓度及停留时间进行精确控制，以防反应失控和副产物的生成。这里采用以降膜反应器为核心的微反应系统对甲苯的磺化反应进行研究，该微反应系统包括微混合器、微反应器、微换热器及微传感器。当 SO_3/甲苯的摩尔比在 5/100～15/100 范围内变化时，甲苯磺酸的选择性基本保持不变，而生成二甲基苯砜的选择性也很低，仅在 3% 左右。若反应流体在后续流程中的停留时间得以延长，则甲苯磺酸的选择性会提高至 82%。与常规尺度反应装置相比，目的产物的选择性和产率均有大幅度的提高。

（6）中和反应。氨与磷酸反应是快速强放热反应，反应物料的快速混合、反应热的快速转移和反应速度的有效调控是实现该反应过程安全和有效控制产品质量的关键。要实现这些目标，须从根本上强化反应器内的传递特性和微观混合效果。因此，磷铵生产过程中所需的反应器性能在提高过程的安全性和资源利用效率、控制产品质量稳定性、减少环境污染、实现过程的节能减排等方面具有重要意义。针对工厂原有的"并流喷射混合系统和气体搅拌罐式反应器"存在的缺陷，中国科学院大连化学物理研究所研究开发了用于磷酸二氢铵生产的微化工系统并实现了工业应用。该微化工系统主要包括分别用于液氨稀释和磷酸稀释的微混合系统(微混合器与微换热器的串联集成)，以及氨水与磷酸中和反应的微反应系统(微反应器和微换热器的串联集成)(陈光文等，2011)。所设计加工的生产能力为8万~10万吨/年的磷酸二氢铵连续工业化生产用的微化工系统，于2009年4月在中国石油化工股份有限公司长岭分公司顺利实现了工业应用。

(7)加氢反应。环己烯加氢反应是一个快速、强放热、受传质控制的反应，因此在传统滴流床反应器中易出现反应的局部飞温，导致产物选择性和催化剂活性降低；由于微反器具有极高的传递速率，在其中进行此反应，可避免局部飞温现象且强化传质过程，提高反应的转化率和反应速率；转化率提高到了16%~28%，而平均反应速率则提高至8.6×10^{-4}~1.4×10^{-3}摩尔/(分·克)，表明在微反应器内进行时，反应过程得到极大的强化。硝基芳香族化合物的加氢反应制备胺是药物合成领域里的一个重要的反应过程，其本征反应速度很快，且为强放热，因此在传统尺度的反应器中进行时易出现局部飞温现象，导致硝基芳香族化合物的分解和部分加氢中间产物的生成。利用微反应器，可实现的目的产物选择性达到100%，且氢气压力不对转化率产生影响。

(8)还原反应。Grignard试剂(即格式试剂)酮还原反应是一个强放热过程，在实际生产中为了导出反应热必须延长反应时间，一般需要数小时。该反应若利用交叉型微混合器，不仅可以实现过程的连续化，而且可将反应时间降至几秒钟。德国默克(Merck)公司利用该反应生产某种精细化学品工艺过程的一个组成部分，可以在数秒内完成。该举不仅证实微混合器是一种实现过程准确控制、强化反应过程的有效工具，而且极大地推动了Merck公司建立连续生产装置的计划。1998年8月，其建成一套采用5个小型混合器并联操作的全自动连续生产中试装置并成功运行。中试生产的产率为92%，明显高于实际间歇式生产中的72%。反应时间从以前的5小时缩短为现在的10秒钟以内，并且小型混合器的利用，可以在较高的温度下实现该反应，从而有效地减少冷却设备的技术投资，并可节约能源。

(9)酰胺化反应。根据反应机理，工业生产中的单元包含环己烷羧酸(cyclo-hexanecarboxylic acid，CCA)与发烟硫酸(简称烟酸)预混合生成混合酸酐，以及混合酸酐与亚硝基硫酸反应生成己内酰胺两个串联过程。预混合过程的主反应是一个二级的可逆反应，还存在相对慢速、平行竞争的磺化副反应，由此产生的磺化副产物量可达己内酰胺产量的10%以上。因此，通过技术创新，采用高效率的混合器件提高预混合过程的混合效率，尽可能提供均一、可控的反应条件，抑制传递限制引起的不利反应进程，是强化酰胺化反应的关键。将微反应器用于酰胺化反应预混合过程的基础性研究，通过系统考察特定反应体系的流动和传质特性，优化预混合设备的结构形式和操作条件，以期从根本上控制SNIA(即意大利斯尼亚公司)工艺的"三废"排放、提高产品质量、降低生产单耗，最终形成具有自主知识产权和国际水平的专有技术和装备，为提升企业的市场竞争力提供基础。

(10)高温热重排。某些热重排反应温度越高，所需时间越短，但反应速度也随反应温度的升高而加快，所释放的热量可能会使反应失控。间歇式反应采用逐渐加料的办法，并使用溶剂回流来稳定反应温度，缺点是反应时间很长（12～27小时），反应收率低（80%～85%）。使用微反应器在3～10分钟的停留时间内，以远高于常规反应温度的220℃～260℃进行反应，不使用溶剂便可取得非常高的收率（98%）。

5）小结

除了以上反应外，微化工技术还能用于加自由基反应等。此中微反应器的应用能够：①精确地控制停留时间，使活性中间产物在来不及分解前就进入下一步反应，有效抑制了副反应；②精确的温度控制消除了常规反应器中的反应物局部过热现象；③高效的混合使反应物得以瞬间按配比精确混合，并立即转入下一步反应。这些特点是常规间歇式反应器所不具备的。

另外，诸多易失控反应有一个共性：不达到某一条件则反应不能引发，而稍微高于这一条件则反应很容易失控。常规反应器靠的是长时间逐步加料，以及严格的安全管理来保障安全。但是长时间加料丧失了效率；而再严格的安全管理也不能保证事故绝对不发生。微反应器对易失控反应的控制，依靠的是它精确的控温能力，以及将间歇式反应改变为连续流动过程，在指定的时间和位置对反应进行引发，在短时间内完成反应后立即终止反应。这个过程类似于精确控制一个反应堆的点火和熄灭。微反应器的这一特点为化学家打开了一扇新的大门，使很多反应可以在以往无法尝试或不敢尝试的极限条件下进行。

3. 微化工应用方向之新型纳米材料

纳米颗粒的制备是微化工技术的发展方向之一，相对于传统反应器，微通道的比表面积大，能实现瞬间混合，流体间的传质速率明显提高且流场分布均匀，通过精确地调节反应参数可以得到不同形状、粒径和粒径分布的微粒。对于形成沉淀的反应，颗粒形成、晶体生长的时间基本是一致的，能得到颗粒的粒径有窄分布特点。对于某些聚合反应，则有可能得到聚合度窄分布的产品。

目前用微反应器法制备的纳米颗粒有金属单质 Pt、Au、Fe 和 Ag 等，氧化物 ReO_2、WO_3、TiO_2、Fe_3O_4、CeO_2、Al_2O_3、Fe_2O_3 和 SiO_2 等，氢氧化物等，合金 FeNi 等，硫化物 MoS_3、CdS、PdS 和 CuS 等，金属硼化物 Ni_2B、Co_2B 和 NiCoB 等，硫酸盐 $BaSO_4$，碳酸盐 $CaCO_3$、$BaCO_3$，水溶性纳米颗粒草酸酮和 KCl 等，有机聚合物纳米颗粒聚苯胺和聚吡咯等，以及复合纳米粒子中的聚苯乙烯/α-Fe$_2$O$_3$等。由于微反应器制备的颗粒材料的一些特性，微反应器在制备高振实密度和粒径均一的材料方面有着广泛的应用前景。

1）纳米无机材料

（1）万吨级纳米 CaCO$_3$ 微反应系统。纳米级 CaCO$_3$ 超细颗粒是 20 世纪 80 年代发展起来的一种新型固体材料，其被广泛用于造纸、橡胶和塑料等工业中。清华大学化学工程系联合国家重点实验室借鉴膜乳化技术，按照多个微通道串、并联原理，设计了膜分散式微结构混合器，具有混合尺度易于控制、结构简洁、高效、能耗低和处理量大的特点。例如，以孔径 5 微米的不锈钢烧结膜为分散介质，在很大相比范围内相分离可在 30 秒内完成，单级萃取效率达 95% 以上。在 2005 年成功开发膜分散微结构反应器制备单分散纳米 CaCO$_3$ 的工业装置的基础上，2011 年已成功实现了微化工系统在大规模制备单分散纳米 CaCO$_3$ 中的工业应用，现已建成年产 1 万吨的微反应生产系统。

（2）纳米氧化锌、氧化钛颗粒。纳米氧化锌材料与普通氧化锌材料相比，显示出诸多特殊性能，如压电性、荧光性、吸收和散射紫外线能力等，广泛应用于压电材料、气体传感器、高效催化吸附剂、荧光体等领域。清华大学化学工程系联合国家重点实验室，将膜分散微反应器利用微孔膜作为分散介质，分散相在压力作用下通过膜孔均匀分布在连续相中，由于混合尺度很小，因而可以达到毫秒级快速均匀混合，非常适合快反应的纳米颗粒制备工艺(施璐等，2010)。纳米氧化锌的制备过程大致如下：以碳酸钠和硫酸锌的水溶液为原料，在膜分散微反应器内直接沉淀反应，制备纳米碱式碳酸锌颗粒，再通过焙烧得到纳米氧化锌颗粒。此过程中研究了焙烧温度、反应物浓度、两相流量等因素对颗粒粒径的影响规律，使用 XRD（X-ray diffraction，即 X 射线衍射）、TEM（transmission electron microscopy，即透射电子显微镜）、N$_2$ 吸附脱附等手段对样品进行了表征。利用这种方法制备纳米颗粒的过程能耗低，易于控制，可进行连续操作，后处理过程也较简便。由于纳米氧化锌一系列的优异性和十分诱人的应用前景，研发纳米氧化锌已成为许多科技人员关注的焦点。

纳米氧化钛的粒径小，表面分子比例高，表面能及表面结合力大，除了具有与普通纳米材料一样的表面效应、量子尺寸效应外，还有其他特殊的性质，尤其是表面活性中心多，光催化效率高。清华大学化学工程系利用微混合沉淀技术制得了纳米氧化钛，颗粒球形度高，粒径小且分布范围窄，粒径大小可控。纳米氧化钛对环境无二次污染，现已发现纳米氧化钛能处理 80 多种有毒化合物，在污水净化、抗菌杀菌等方面具有广阔的应用前景。

（3）纳米氧化铝粉体生产线(陈彩凤等，2010)。江苏大学基于氯化锌活化后获得的活性炭有孔隙丰富、结构有序、高温下易于除去的特性，构建了用于制备纳米氧化铝粉体的活性炭微反应器，研究了微反应器内前驱颗粒的形成与生长过程，探讨了微反应器在粉体制备中所起的作用。微反应器内可生成大量均匀分布在反应器壁上的球形前驱颗粒，这些颗粒被孔壁牢固吸附；粉体的煅烧转相温度与微反应器脱除同步，微反应器在煅烧过程中一直起到了限域的作用，有效防止了粉体的团聚，从而获得了颗粒尺寸分布均匀且分散性好的 $\alpha\text{-}Al_2O_3$ 粉体。活性炭微反应器具有多孔、高活性和高温脱除与粉体转相同步等特点，不仅为化学反应提供了反应空间，而且在器壁内可生成大量大小均匀的球形前驱颗粒，这些颗粒在较长时间反应后仍保持其原来的球形形貌；伴随着粉体的煅烧转相过程，微反应器一直起到限域的作用，在脱除过程中同时也阻止了颗粒的团聚，最后获得了分散性好、粒径均匀的 $\alpha\text{-}Al_2O_3$ 粉体。该生产线在化工、建材、金属、特种功能陶瓷、能源、国防、冶金、水利电力、医药、食品、轻纺、饲料等众多工业部门用于生产。

(4)纳米硫酸钡。纳米硫酸钡的用途非常广泛，目前已工业化的 $BaSO_4$ 产品有沉淀硫酸钡、超细硫酸钡等，很难达到粒径分布窄、在溶剂中均匀分散的要求。由于在微型反应器中流体的流动接近平推流，快速的流体对撞使其微观混合效果良好，特别适用于反应结晶这种快速反应，尤其适用于产品粒度分布窄的场合。河北科技大学以纯 Na_2CO_3 和氯化钡为原料，利用微反应器技术制备出了粒径小、粒度分布窄的纳米硫酸钡(赵华等，2008)。

(5)纳米碱式碳酸锌。碱式碳酸锌是一种用途极为广泛的高功能精细无机化工产品。迄今为止，国内外对碱式碳酸锌的制备已有较深入的研究，而获得纳米微细化和颗粒定形化、形态均匀的颗粒是粉体制备的主要研究方向。微反应器是一种借助于特殊微加工技术以固体基质制造的、可用于进行化学反应的三维结构元件，其当量直径流动通道小于 500 纳米。由于在微型反应器中流体的流动接近平推流，且快速的流体对撞使其微观混合效果良好，特别适用于制取产品粒度分布要求窄的纳米碱式碳酸锌结晶等快速反应。

(6)纳米贵金属。胶体贵金属颗粒作为催化剂颇具潜力，同样也能应用于分析表面增强拉曼光谱、比色基因检测、纳米颗粒增强芯片毛细管电泳、分子交互作用光学检测。然而，量子尺寸效应和颗粒特征决定着金属颗粒的物理性能，因此对颗粒物理尺寸、形貌和粒径分布的控制在合成过程中十分重要。但是，大部分常规反应器合成的金属颗粒产品都有较宽的粒径分布，微反应器凭借其有效混合及合成过程中温度、浓度和传质的均匀性可以用来合成贵金属颗粒。目前，结合微反应器技术制备的胶体金属颗粒主要是纳米金和纳米银颗粒。

(7)纳米沸石颗粒。沸石是一种重要的微孔固体材料。长期以来，沸石的合成通常采用间歇水热过程来进行，存在反应周期长、反复升温降温能耗大以及产物性质不易快速精确控制等缺陷。南京工业大学首次利用不锈钢微通道反应器，连续水热合成了 NaA 型沸石和纳米 silicalite-1 沸石。微通道反应器合成 NaA 过程中延长老化时间和提高晶化反应温度后，在短停留时间下可以获得粒径分布较窄的 NaA 是因为微通道中极快的传热速率和自发形成的分段流流形。通过适当改变合成液的老化时间、停留时间和晶化温度，可以制备不同粒径及粒径分布的 NaA 沸石。

2）纳米有机材料

（1）纳米纤维。聚合催化方面的发展已使我们可以精确地控制聚合物的主要性质，如分子量等。然而，对于被用做商品材料的聚合物来说，还必须控制分子定向（晶体结构）或形态。聚合后的加工步骤（挤出或拉丝）通常被用来制作具有更精细功能（如更好的机械性质）的聚合材料。日本东京大学开发了一种新的方法，使聚合物可以在被合成时挤出。他们采用多孔纳米尺度微反应器，在形成结晶纳米纤维的过程中直接制备超高分子量的聚乙烯。这种技术不仅节省了生产功能材料的时间和成本，而且也是一种生产具有新性质聚合物的方法。

（2）固体脂质纳米粒（solid lipid nanoparticles，SLNs）。固体脂质纳米粒是以具有生理相容性和生物可降解性的天然或合成固体脂质为材料所制成的纳米尺度的新型载药系统。相对于传统载药系统（微乳、脂质体和聚合物纳米粒）来说，具有良好的生理相容性、稳定性、靶向性、可缓控释性及适合多种用药途径等优点，因而具有广阔的应用前景。浙江大学研究了利用同心管微通道制备固体脂质纳米粒的方法。其借助外管长、内管短的同心管微通道提供脂相和水相，当两相在外管中相遇时，由于溶剂间的快速相互扩散，脂相中脂质体达到过饱和而生成固体脂质纳米粒（张颂红等，2011）。

（3）微胶囊。PCM（phase-change material，即相变材料）微胶囊的制备，多采用液相中原位聚合或界面聚合的方法，即先将含有芯材与壳材单体的油相和水相通过强烈的搅拌形成 O/W 型乳液，再向体系中加入另一种/几种反应物或引发剂实现微胶囊的包覆。然而，搅拌容器中剪切流场分布通常不均匀，这将导致液滴的粒径及分布难以控制，从而影响微胶囊的产品质量。此外，乳液体系中引入反应物或引发剂的传递行为、乳液中温度和 pH 等因素直接影响到聚合反应的效率，即微胶囊的包覆率。因此，诸多复杂因素的同时精确控制，大大增加了制备高质量 PCM 微胶囊的难度。清华大学化学工程系利用过程解耦的思想，将液相法制备 PCM 微胶囊的复杂过程分解为如下两个步骤：①先利用微反应器技术实现 O/W 型乳液的制备，使液滴的粒度及分布得到精确控制；②利用简单物理方法，即溶剂挥发法，使液滴固化形成微胶囊，实现较高的包覆率，制备出相变温度在 20℃ 左右、粒径在 100～300 微米、均匀可控的并有一定机械强度的 PCM 微胶囊产品。

（4）颜料颗粒。颜料工业要求生产的颜料颗粒细度均匀且有窄的粒径分布，这些往往是提高产品质量的关键，微反应器可以很好地解决这一问题。例如，在颜料黄 12 号的合成中，通过比较微反应器和常规反应器得到的颜料颗粒，发现前者不但平均直径明显小于后者，而且粒径分布要窄很多。由于晶体性质得到改变，质量指标也得到大幅度提升，光泽度提高了 73%，透明度提高了 66%。用微反应器合成偶氮颜料，颗粒均匀，光泽度和透明度得到大幅度提高，强度也提高了 19%~ 39%。

3）小结

微反应器法为纳米颗粒的制备提供了一条简单便利的途径，它在操作上的优点和广泛适用性已引起人们的极大兴趣。选择适当的表面活性剂及合适的微乳液组成可以得到粒径小而分散均匀的颗粒，而且所选择的表面活性剂应成本低且易回收。采用辐射技术使反应在微反应器内直接进行，无须进行物质交换，这样可使产物粒径分布更加均匀。但以微反应器制备纳米颗粒需要用到大量的表面活性剂，成本高，且由于加溶的水量太少，产量低，工业化应用受到限制。若能使微反应器循环利用，或者用乳状液代替微乳液为反应介质制备纳米颗粒，则可大大降低成本。据估计，实现微乳液法制备纳米颗粒的工业化生产还需要经历相当长的时间。同时，有关颗粒材料在微反应器中生成某种特定形状或形貌的条件和机理仍需要进一步探讨和研究。

4. 微化工应用方向之燃料电池

微通道反应器在燃料电池系统中的应用有以下目的：首先，传统的反应器体积庞大、燃料处理设备中存储的大量能量具有很大的危险性，而微通道反应器较之常规反应器体积要小一个数量级以上，且安全性好，因此适用于汽车上或移动电源使用；其次，目前在燃料电池汽车上大多采用压缩氢气或液氢，然而并没有现存的压缩氢气或液氢供应站，而微通道反应器可利用现有的加油站或加气站，通过化学反应直接将碳氢燃料转化成氢气供给燃料电池，从而无须新建任何压缩氢气或液氢供应站。

由于微化工技术固有的优点，其在实现燃料电池电动汽车和分散电源所需的氢源系统微型化的进程中将会发挥更大的作用，目前许多研究者在从事这一技术的研究与开发。美国能源部的西北太平洋国家实验室（Pacific Northwest National Laboratory，PNNL)研制了微型发动机阻力矩控制系统(motor-control slide retainer，MSR)，德国、加拿大、日本、韩国等也在积极开发微型燃料重整制氢技术，中国科学院大连化学物理研究所、华东理工大学、华南理工大学、重庆大学等在甲醇重整制氢微型化研究中也取得了一定进展。PNNL 的研究者对甲烷、甲醇、辛烷等烃、醇类制氢的反应过程进行研究，所设计的微型燃料处理系统由微通道反应器和微通道换热器组合而成。甲醇制氢包括甲醇氧化重整、水汽变换、CO 选择氧化和 H_2 燃烧/气化一体化等多个反应，以及整个系统的集成、控制等，因此微型化的车载氢源系统是一个非常复杂的反应体系。中国科学院大连化学物理研究所成功研制了室温快速启动的千瓦级质子交换膜燃料电池

(proton exchange membrane full cell，PEMFC)用的微型氢源系统，该系统集成了甲醇氧化重整、CO 选择氧化、催化燃烧/原料汽化、微换热等子系统(张海峰等，2003)。华东理工大学也制作了一台用于甲醇水蒸气重整制氢微反应器的板片。

五、建　　材

(一)建材窑炉节能减排重大技术

1. 水泥窑系统纯氧燃烧及其 CO_2 捕集利用技术

世界主要国家均将碳捕集、利用与封存技术作为抢占未来低碳竞争优势的重要着力点。中国建材工业"十二五"发展规划明确把 CO_2 分离、捕集及转化利用技术作为水泥工业未来发展的重点。水泥工业的 CO_2 减排对中国节能减排有举足轻重的作用，也是中国应对气候变化的重要措施和水泥工业可持续发展的重要保证。

水泥窑纯氧燃烧是指采用传统燃烧的技术流程，使用含氧浓度 $85\%\sim100\%$ 的气体与部分废气以特定的比例混合来替代空气进行助燃。燃料在高浓度氧中燃烧更完全、速度更快、温度更高，从而使烟气量和 NO_x 产生量大幅度降低，气体在窑内停留时间变长，燃料燃烬率提高，热损耗降低。因多原子的 CO_2 具有较大的辐射能力，可提高窑炉内传热效率。纯氧燃烧会改变水泥窑系统内部的气氛，部分废气循环进入窑炉内，$CaCO_3$ 分解温度会提高，对水泥熟料形成的化学反应过程和熟料的特性均会有显著的影响，许多科学问题需要进行理论和试验的系统性研究。实施水泥窑系统纯氧燃烧及 CO_2 捕集利用技术，提高水泥窑系统尾气中 CO_2 的浓度，为 CO_2 的化学转化及其他利用方式提供了有利的条件，一方面达到水泥工业 CO_2 和 NO_x 的减排，另一方面实现 CO_2 作为碳资源的利用。

世界可持续发展工商理事会(World Business Council for Sustainable Development，WBCSD)和国际能源署(International Energy Agency，IEA)依水泥工业碳减排的技术路线图估算，到 2030 年，全世界要在 $50\sim70$ 个水泥厂进行 CO_2 捕集。

CO_2 捕集主要分为燃烧后捕集、燃烧前捕集及富氧燃烧捕集三大类。研究结果表明，燃烧后捕集法和富氧燃烧捕集法适用于水泥工业。国际能源署的研究明确表明纯氧燃烧是水泥工业 CO_2 捕集最经济有效的方法。

水泥窑系统纯氧燃烧的尾气可以收集后直接封存或应用于驱油、碳化养护混凝土制品等，实现 CO_2 在建材工业中的循环利用。但对于 CO_2 的化学和生物转化利用,其纯度要求为99.99%或更高,则需要烟气中分离提纯CO_2,分离提纯技术中的液态溶剂吸收法和固态吸附法因成本低、吸附容量大和再生能耗小等优势,被联合国气候变化政府间专家委员会推荐为理想的CO_2捕集和纯化方法。水泥窑系统纯氧燃烧尾气与传统的燃烧尾气相比,虽然其CO_2浓度较高,但其微量组分,如SO_2、Na_2O、K_2O和NO_x等的存在对捕集材料抵抗可能产生的降解和中毒等负面作用的能力要求也更高。因此,目前解决CO_2捕集纯化过程中高效、低能耗的技术瓶颈是实现CO_2高附加值应用需首先突破的难题。

纯氧燃烧技术在玻璃行业的广泛应用和在热电厂的大量研究为水泥窑系统纯氧燃烧的研究和应用奠定了坚实的基础,国际上已经开始这方面系统的研究工作,并取得了突破性进展。水泥窑炉纯氧燃烧是水泥生产技术的革命性、颠覆性突破。该技术目前处于基础研究阶段,要进入产业化还任重而道远,需要在水泥窑系统纯氧燃烧、烟气捕集纯化和化学转化利用等关键环节的基础研究上取得重大突破。

2. 水泥窑炉NO_x减排技术

目前水泥窑NO_x减排技术主要有燃烧优化控制NO_x排放技术、SNCR法和SCR法。随着环保要求的提高,世界各国逐步趋向于采用燃烧优化控制、SNCR、SCR中两种或以上的技术组合,达到彻底治理NO_x的目标。

水泥窑NO_x减排技术在我国刚刚起步,目前所采用的方法主要以一次减排技术为主,采用低氮燃烧器、分级燃烧和优化窑炉的燃烧制度(富氧低NO_x燃烧)等方式。针对水泥窑烟气的二次治理技术,国内只有极少数企业开始SNCR法的尝试,而对于SCR法,只有部分高校做了小型试验,取得了不同程度的进展,但尚无水泥厂实际使用。

随着NO_x排放标准的严格,国内水泥行业采用二次治理技术将是发展趋势,SNCR和SCR脱硝将会成为水泥行业NO_x减排主流技术。在工艺方面,SNCR需要在水泥烧制过程中进行,而SCR系统可以安装到水泥回转窑的预热器和旋风器之后,不干扰水泥生产过程,而且具有更高的NO_x减排效率。已经实施的《水泥工业大气污染物排放标准》(国家标准)规定,新建企业和重点地区企业大气污染物排放限值为320毫克/标准立方米。按此要求,目前国内基本没有排放合格的水泥企业,必须增设脱硝装置才能达标。对于初始排放过高的企业或排放标准严苛的地区只有采用SCR,甚至同时使用低氮燃烧+SNCR+SCR才能达到要求。目前国内外均在研发可普遍适用于水泥生产工艺的SCR技术,特别是适用于水泥工业的低温、高效低成本、无毒的SCR催化剂的开发,可极大提升SCR技术推广的可行性。

3. 玻璃熔窑全氧燃烧技术和装备

玻璃熔窑全氧燃烧技术被公认为是实现玻璃熔窑进一步节能降耗的有效手

段，被誉为玻璃熔化技术发展历史上的第二次革命。该技术不仅能大大降低 NO_x 等污染物的排放，而且在节能、提高产量和质量等诸多方面都有良好的表现，且具有显著优势，成为玻璃工业发展的新方向。其在国外得到了较广泛的研究与应用，近年来在玻璃熔窑上应用全氧燃烧在欧美已成为一种趋势。但该项技术大多用于显像管玻璃、器皿玻璃和玻璃纤维等生产线上。在浮法玻璃熔窑上采用全氧燃烧技术近年也取得了进展。

2001年，我国开始了全氧燃烧技术的开发和应用。截至目前，共有5座显像管玻壳熔窑、20多座玻纤熔窑、10多座微晶玻璃熔窑及近10座超白压延光伏玻璃熔窑通过引进和消化吸收国外先进技术和装备使用了全氧燃烧技术，取得了较好的效果。2010年，我国首条600吨/日级全氧燃烧浮法玻璃生产线在安徽华光光电材料科技集团有限公司(简称华光集团)投入运行，拥有了具有自主知识产权的浮法玻璃熔窑全氧燃烧技术和系列装备，基本实现了全氧燃烧整套技术和设备的国产化，能够年产337万吨的优质浮法玻璃和超白玻璃。目前国内在建的全氧燃烧浮法生产线有5条，其中，山东金晶玻璃集团公司、海南三鑫等积极筹建3条600吨/日级全氧燃烧浮法玻璃生产线，用于生产超白TCO玻璃等产品。"十一五"期间，多条全氧燃烧超白光伏压延玻璃和超耐热微晶玻璃生产线建成投产，全氧喷枪和纯氧助燃技术在浮法玻璃熔窑上也得到了很好应用。

玻璃熔窑全氧燃烧技术最显著的特点：一是节能减排，二是提高了玻璃质量。华光集团600吨/日级全氧燃烧浮法玻璃生产线运行以来的实际数据如下：能耗降低22%，热效率提高10%左右，年节约标准煤17 681吨，各类废气排放量减少60%以上，废气中 NO_x 下降80%～90%，烟尘和粉尘降低50%以上。全氧燃烧时玻璃黏度降低，燃烧火焰稳定，无换向，燃烧气体在窑内停留时间长，窑内压力稳定且较低，这些都有利于玻璃的熔化澄清，减少玻璃体内的气泡、灰泡及条纹，可使吨玻璃中的气泡数少于1个。采用全氧燃烧技术生产高档优质浮法玻璃(如高档优质汽车玻璃和TCO光伏玻璃)是今后的必然发展趋势。具体而言，其可先在生产高性能优质玻璃产品的企业推广，逐渐开发经济、高效、可靠的现场制氧技术与装备力度，进一步加强关键材料和装备的国产化配套，进一步开发完善提高全氧燃烧玻璃熔窑的节能水平的关键技术。

4. 玻璃新型熔化和澄清技术

玻璃熔窑分段式熔化是优化熔窑结构的重要方向，即使玻璃的配合料预热、熔化、澄清、均化和成型等工艺阶段分别处于独立的窑炉空间，依据每个单元功能不同进行独立控制，自成空间、互不干扰，各部分拥有独立的温度、压力、气氛控制，可实现配合料窑外分解＋预热、快速熔化、高温＋负压＋鼓泡＋超声波澄清等功能。分段式熔化系统在实现玻璃质量不变甚至更优的情况下，极大地缩短玻璃液在熔窑内的滞留时间，提高了生产效率。根据美国玻璃制造业联合会的估计，新型玻璃熔制技术的节能减排潜力巨大，有可能将能效由目前的不足40%提升至70%左右，相应的 SO_2、CO_2 和 NO_x 排放量大为降低，资源有效利用率大为提高。

欧美国家很早就提出了分段熔制概念，并且自20世纪60年代后期起就开始了尝试，并取得了一定进展。但这些成果未能及时在工业化生产中得到推广应用，其主要原因是能源价格与排放标准在当时都比较低，企业缺乏足够的经济动力。近年来，随着能源成本的迅速上升及对节能环保的日益重视，美国能源部工业技术办公室和美国玻璃制造业联合会组织欧美几家主要玻璃企业于2003年开展了新一轮对新型玻璃熔制工艺的研究项目。分段熔化工艺使各种各样的澄清技术有了用武之地，新型澄清技术能够改变传统澄清方法能耗高、澄清剂用量较大、生产成本高、排放大的突出问题。从现在的发展水平来看，最具应用潜质的是负压澄清（又称减压澄清）。负压澄清是指通过减压来促进玻璃熔融澄清的排气泡过程，以此降低玻璃的熔融温度或缩短熔融时间，达到节能的目的。负压澄清已经完成了550吨/天生产线的中试，具备了一定的工程应用条件。

未来玻璃熔窑的发展趋势是以分段式熔化系统为基础，集成飞行熔化、浸没熔化、负压澄清等新型熔化与澄清技术的新一代熔制技术。目前，仍需要在玻璃分段熔化窑炉结构设计与系统集成、非传统熔化方法与机理、玻璃配合料组成、结构设计及其与玻璃熔制的适配性等方面开展深入的研究工作。

（二）建材行业生态链接项目

水泥窑替代原燃料及协同处置废物关键技术与成套装备是引领水泥工业向生态环境保护型产业发展的代表性技术，为循环经济和环保产业发展提供技术支撑，并为水泥工业与其他产业（包括社会层面）形成链接，进而打造生态工业园创造了条件。

随着世界工业化和信息化进程的不断加快，工业废弃物的排放量不断增加，尤其是现代电子信息技术、医药化工技术的发展，导致产生了许多危险工业废弃物。城市垃圾处理已经成为制约城市发展的一大"瓶颈"。如何科学合理地处置这些废弃物，实现无害化和资源化，是全社会关注的热点。

危险废物的常用处理可归纳为物理处理、化学处理、生物处理、热处理和固化处理。利用水泥回转窑优势协同处置城市垃圾是一种新的尝试，能够减少对矿山资源的耗费，同时为我国有效控制日益严重的环境污染和有限资源循环利用提供最彻底处置的工艺技术与装备，真正做到资源化、减量化、无害化处理。

水泥窑之所以能够成为废弃物的处置方式，主要是由水泥窑的工况决定的。利用水泥窑协同处置城市废弃物技术在西方发达国家已经得到了广泛的认可和应用。在《巴塞尔公约》条文中，水泥生产过程中危险废弃物的协同处理方法已被认为是对环境无害的处理方法。挪威科学与工业研究基金会根据西欧与北欧诸国，美国、日本、澳大利亚、加拿大等国，以及个别南美与东南亚国家中许多水泥企业连续 15 年采用可燃废弃物（大部分为危险废物）做水泥窑替代燃料的大量生产实践与约两万套（次）的污染物排放及浸析检测证明，利用水泥窑处置废物对环境及水泥质量无影响。

国外从 1970 年开始研究利用水泥回转窑焚烧工业废弃物技术，截至 1984 年，这项技术逐渐在发达国家推广。1990～2004 年，世界上近 300 台水泥窑（主要分布在欧洲、美国、日本）累计焚烧了各种可燃烧废弃物 1 亿多吨。世界上至少有 100 家水泥厂用可燃废弃物替代燃料。2004 年以后，发达国家水泥工业焚烧可燃废弃物，努力提高燃料替代率，同时其相关的法规和技术不断完善，推广应用的范围和数量不断扩大。2011 年，这些国家可燃废料对煤的替代率为荷兰92%，德国 73%，法国 42%，日本 31%，美国 26%；但是直接协同处置城市垃圾的还属少数，大部分是通过分类或制备成垃圾衍生燃料（refure derived fuel，RDF）来将其作为替代燃料。

我国水泥工业采用替代燃料的时间短，燃料种类少。经粗略估计，我国水泥窑每年燃烧的垃圾总量不足 100 万吨，只占全国垃圾总产出率的 0.3%，我国水泥窑燃烧的各种废料对水泥工业煤耗总量的替代率不足 0.1%；我国 1 600 余台投产的新型干法窑中只有 15 台兼烧废料，1 000 余家水泥企业只有十余家水泥厂使用替代燃料。水泥窑协同处置城市生活垃圾技术在我国刚刚起步，反映了这一技术在我国尚有广阔的发展空间。

我国从 20 世纪 90 年代开始利用水泥窑协同处理危险废弃物的研究和实践工作，并已取得一定的成绩。以北京新北水水泥有限责任公司（简称新北水）和华新水泥股份有限责任公司（简称华新水泥）为代表的水泥窑协同处置技术实施企业已经有十余家二十多条生产线，已经具备最高日产 6 000 吨水泥的生产能力。

国外的城市生活垃圾从源头开始就分类收集和管理，不存在我国的原生级混合垃圾。我国生活垃圾不分类，按国家相关规范，未经分类的生活垃圾，不能直接投入水泥窑处置。在国外由水泥厂直接处置类似中国的混合垃圾的情况是不存在的。我国现在采用的生活垃圾的各种处置方法基本属于原始摸索和创新。从技术层面来看，目前国内实施水泥窑协同处置生活垃圾的水泥企业采用了不同的处置方法，各有优势，但无论工艺路线还是装备均有待完善。

（三）高端新材料大规模产业化生产技术

Low-E 玻璃又称低辐射玻璃，是在玻璃表面镀上多层金属或化合物组成的膜玻璃产品。工业制造 Low-E 玻璃主要使用磁控溅射和常压化学气相沉积工艺。磁控溅射工艺的离线 Low-E 玻璃属于软膜玻璃，其耐磨性、耐腐蚀性、热稳定性较差，不能单片使用，必须加工成中空玻璃才能使用。截至 2011 年年底，国内共有离线 Low-E 玻璃生产线 35 条，离线 Low-E 玻璃产能 3 000 万平方米。常压化学气相沉积工艺的在线 Low-E 玻璃属于硬膜，其耐磨性、热稳定性均较好，可以进行带膜钢化、热弯，可以储存较长时间，可单片使用，生产成本大大降低。相对来说，我国离线 Low-E 玻璃较在线 Low-E 玻璃生产技术成熟，已初步形成规模产业。

据最新统计，在线 Low-E 玻璃的生产技术掌握在英国的 Pilkington、美国的 PPG 等少数几家大公司手中。在北美、欧洲等地区的浮法玻璃生产线中，在线生产 Low-E 玻璃的装配率为 15%～20%。我国的杭州蓝星新材料技术有限公司拥有在线 Low-E 玻璃生产技术的完全自主知识产权，其发明的在浮法玻璃退火窑内镀低辐射膜的创新方法，形成世界范围独有的浮法退火窑 MOCVD(即金属有机化合物化学气相沉积)生产 Low-E 玻璃成套技术。而国际其他公司生产技术具有共性，即全部在锡槽内镀低辐射膜，即浮法锡槽 CVD(即化学气相沉积)生产 Low-E 玻璃生产技术。

由于技术上难度巨大，加之国内镀膜玻璃生产技术基础薄弱，我国在线 Low-E 玻璃还未形成规模产业化。在国内 255 条浮法玻璃生产线中，仅有 9 条可以在线生产 Low-E 玻璃，在线 Low-E 玻璃年产能仅约 600 万重量箱，约占平板玻璃总产能的 0.67%。

对平板玻璃制造业来说，将浮法玻璃生产工艺与常压化学气相沉积工艺相结合，生产在线 Low-E 玻璃等高附加值产品，是平板玻璃制造业产业升级、优化产品结构的首选之路。生产在线 Low-E 玻璃具有很高的技术难度，主要的核心技术是大尺寸镀膜的均匀性控制和制造作业的稳健性。

由于一系列建筑节能标准和条例的实施，Low-E 玻璃的市场需求迅速增加，但我国 Low-E 玻璃依赖进口的局面仍然没有较大的改观。因此，加快我国 Low-E 玻璃生产线的建设势在必行。

六、造　　纸

(一)制浆造纸行业共性-关键技术、工艺和设备

为了推进"十二五"期间造纸工业技术进步和行业的可持续发展，从而能够对行业技术改造、升级有显著影响，作为新兴战略产业备选的，面向"十三五"的五个方面的重点技术方向如下：一是造纸行业基础理论研究；二是制浆造纸行业的前沿技术；三是制浆造纸行业的共性-关键技术；四是制浆造纸技术装备的研发；五是造纸行业新技术、新工艺应用与新产品研发。

1. 制浆造纸行业的相关基础理论研究

制浆造纸行业的相关基础理论研究主要包含以下三方面。

(1)植物资源化学与化工的基础理论研究。其具体内容如下：①植物原料形态特征、化学组分、性质及结构的理论研究；②植物原料组分清洁分离技术理论研究；③纤维性能及改性机理；④天然高分子材料功能化理论研究；⑤生物质能源转化技术理论。

(2)清洁制浆技术的理论研究。其主要包括：①制浆、漂白新技术理论研究；②置换蒸煮(RDH)及脱木素动力学理论研究；③黑液提取、蒸发和碱回收技术及理论；④生物技术在制浆中的应用机理。

(3)造纸工艺过程基础理论研究。其主要包括：①纤维分级、打浆、混合机理；②新型高效功能性造纸助剂在造纸过程中的反应机理；③湿部化学基础理论；④纸浆流送与纸页成型机理；⑤涂料性能研究与涂布理论；⑥造纸过程的传质、传热理论研究；⑦纸基复合材料及功能材料成型机理。

2. 制浆造纸行业的前沿技术

制浆造纸行业的前沿技术主要如下：①植物组分的高效清洁分离技术；②纳米纤维素等多功能材料制备及应用技术；③非木原料的化学机械法制浆生产关键技术；④制浆造纸废水低耗高效的深度处理技术；⑤高效低毒环保化学品制备及应用技术；⑥极端环境下高效生物酶制备技术；⑦高速造纸机全自动在线检测及监控技术。

3. 制浆造纸行业的共性-关键技术

制浆造纸行业的共性-关键技术主要包括：①高硅含量的非木原料除硅型、留硅型蒸煮技术；②非木原料的 RDH 或 DDS(即低能耗间歇蒸煮)技术及其蒸煮设备研发；③非木材原料深度氧脱木素技术；④非木纸浆的 TCF 或 ECF 短流程漂白技术及设备研发；⑤非木纸浆高效洗涤技术及设备的研发；⑥非木纸浆碱回收过程硅干扰控制技术；⑦白泥等固体废弃物的综合利用技术；⑧废纸制浆造纸过程胶黏物去除与控制技术；⑨高得率制浆工艺优化及低浓废液浓缩技术；⑩现代造纸机的智能型白水稀释水力式流浆箱技术；⑪现代造纸机的夹网(双网)脱水技术；⑫靴形压榨等宽压区压榨技术；⑬适用于高速造纸机的网毯制造技术；⑭现代造纸机的全自动控制技术及事故预警监控技术；⑮应用于制浆造纸过程的生物技术；⑯对环境友好的低耗高效化学品的研制及在制浆造纸中的应用技术。

4. 制浆造纸技术装备的研发

制浆造纸技术装备的研发主要体现在以下方面：①年产 10 万吨以上废纸(脱墨)制浆系统关键装备技术及成套化生产线及控制系统；②年产 10 万吨以上非木纤维原料制浆系统成套生产线及控制系统；③年产 10 万吨以上非木纸浆的

TCF、ECF 漂白装备及控制系统；④年产 10 万吨以上化机浆成套装备及控制系统；⑤车速 1 200 米/分钟以上的现代造纸机关键技术与装备，特别是智能型白水稀释水力式流浆箱、夹网(双网)脱水成型装备、靴形宽压区压榨装备、干燥部全封闭式气罩及热回收系统等；⑥造纸污泥干化、固体废弃物处理及生物质资源化利用新装备；⑦现代造纸机的纸页质量控制系统(quality control system，QCS)、分散控制系统(distributed control system，DCS)、机器设备控制系统(machine control system，MCS)、过程控制系统(process control system，PCS)等相关仪器与装备；⑧造纸检测与故障诊断相关仪器与装备；⑨新型造纸脱水器材的制造技术与装备。

5. 造纸行业新技术、新工艺应用与新产品研发

造纸行业新技术、新工艺应用与新产品研发主要包含以下几方面。

(1)化学法制浆。其包含的工艺技术如下：①禾草类非木纤维干湿法备料及连续蒸煮技术；②非木纤维干法备料及间歇置换蒸煮技术；③低卡伯值蒸煮工艺；④蒸煮废液高效提取设备的应用；⑤纸浆封闭筛选及压力筛的应用；⑥深度氧脱木素技术；⑦TCF 漂白工艺及 ECF 漂白工艺；⑧非木浆制浆生产的碱回收系统先进工艺技术。

(2)化学机械法制浆(高得率制浆)。其包含的工艺技术如下：①磨浆系统热回收技术；②二段低浓磨浆技术；③化学机械浆废水与化学浆蒸煮黑液综合处理技术；④化学机械浆低浓废水的浓缩技术。

(3)废纸制浆。其包含的工艺技术如下：①废纸干法散包、筛选及分拣系统；②鼓式碎浆技术；③废纸高效脱墨技术；④纤维高精度分级技术；⑤脱墨浆固体废弃物的资源化利用技术；⑥高效除砂、除杂技术；⑦适宜于废纸浆的洗涤浓缩技术；⑧废纸制浆生产的废水回收利用技术。

(4)纸张抄造。其包括的工艺技术如下：①浆料除气技术；②高速膜转移施涂技术；③造纸机的干燥部烘缸供热技术；④干燥部热回收技术；⑤帘式涂布技术；⑥透平式真空泵的应用技术；⑦非接触干燥技术；⑧可生物降解造纸助剂的应用；⑨超滤机涂布废水处理技术。

(5)废水及固体废弃物末端治理技术。其包括的工艺技术如下：①废水深度处理技术及废水处理技术集成；②碱回收系统中白泥处理及利用技术；③废水污泥处理及利用技术；④脱墨污泥处理及利用技术；⑤厌氧沼气利用技术。

(6)新产品研发。其包括的工艺技术如下：①特种纸及功能纸板；②清洁食品包装纸及纸板；③低克重文化用纸及新闻纸；④低白度或未漂白系列纸产品。

(二)战略性新兴产业的储备——探索、培养的未来战略性新兴产业技术

制浆造纸工业未来的战略性新兴产业主要有两个方向：一是制浆造纸装备国产化制造；二是造纸生物资源的高值、高效清洁利用技术。

1. 制浆造纸装备国产化制造

我国制浆造纸装备制造业水平与国际先进水平相比差距比较大，在制浆漂白装备方面，如蒸煮装备、漂白装备还没能实现大产能及先进的装备国产化，我国还不能制造出可以实现清洁生产的大型装备，如年产 20 万吨以上的木浆生产线、年产 10 万吨以上的非木浆生产线、年产 10 万吨以上的化机浆生产线。

在造纸机装备方面，我国的装备与国外先进装备相比差距也较大，特别是在幅宽 5 米以上、车速 1 200 米/分钟以上的高速文化纸机，车速 1 000 米/分钟以上的纸板机，以及相关的自动控制系统方面。

高速文化造纸机方面的关键技术有纸浆高速流送技术及白水稀释可控水力式流浆箱、夹网(双网)脱水成型技术、宽压区(靴形压区)压榨技术、机内涂布系统、软压光和超级压光；高速板纸机方面的关键技术有多层流浆箱及成型技术、热风穿透干燥等先进技术；高速卫生纸机方面的关键技术有新月型流浆箱及成型技术，高速造纸机的 QCS、DCS、MCS 等控制技术，运行状态监控系统。"十一五"期间，由于国家的重视、科技工作者的努力，已研发出车速达 1 000～1 200 米/分钟的文化纸机，1 200 米/分钟以上的高速文化纸机关键技术正在研发中，先进的板纸机及卫生纸机也正在研发中，目前正逐步逼近国际先进水平，由于国内造纸业的迫切需求，这个领域将成为制浆造纸领域的一个新兴产业。

2. 造纸生物资源的高值、高效清洁利用技术

制浆造纸工业是生物质资源的巨大消耗者，将制浆造纸工业中没有得到利用的半纤维素和木素转化为高值化材料，既可以大大地提高其附加值，又可以减少植物资源有效成分的浪费和对环境的污染。目前，仅有少数国家和地区的制浆造纸厂掌握了这些新兴的技术，已成功转型的工厂也不多，而且需要投入大量的资金对现有工厂进行改造，这大大限制了造纸生物资源的高值、高效清洁利用技术(曹邦威，2011)的应用和推广。在资源、能源日益短缺的现在，资源高值、高效利用的新兴产业正应市场需求，从传统行业中应运而生。

造纸生物资源组分的高效、高值利用是制浆造纸的最终目标，对于从原料中分离的组分必须寻求高附加值的应用，否则就失去了研究及产业化的意义。

1)半纤维素的高值化利用技术

半纤维素可以通过水解发酵生产乙醇(谢来苏和詹怀宇，2001；钟秦，2000；

袁洪友等，2009）；或针对分子各种糖基上不同羟基进行选择性反应，制备新型材料。利用半纤维素纯化过程中产生的低分子片段合成立体专一的手性药物与医用材料，具有良好的应用前景。半纤维素的应用主要包含以下几方面。

(1)半纤维素水解发酵生产乙醇。在世界范围内，目前生产燃料乙醇的原料主要是粮食，如玉米等，但是我国人口众多，粮食的供给受到限制，一味地发展粮食乙醇很可能导致粮食危机，因此我国很有必要大力发展纤维素类的生物质乙醇，其中，半纤维素也是很好的选择。2002~2004年，美国能源部研究了木质纤维素类资源的综合利用，将纤维素、木素、半纤维素分离，用半纤维素制备乙醇燃料或其他化合物。

(2)半纤维素水解制备木糖醇和副产品糠醛、乙酸等。目前工业化生产木糖醇主要是通过化学法，此法成本高、工艺复杂、副产物多、分离提纯较困难。半纤维素水解物微生物发酵法制备木糖醇(杨丰科和姜晶晶，2011；陈克复和胡楠，2005；曹邦威，2011)，可以降低生产成本，简化工艺流程，提高产品纯度。因此，目前利用生物转化的方法生产木糖醇已经成为国际上的研究热点。人们在用半纤维素水解产物制备木糖醇方面做了大量的研究，其中，半纤维素来源广泛，如桉树、稻草、玉米轴、甘蔗渣等。

(3)半纤维素制备 H_2 和烷烃(龚大春等，2007；曲音波，2007；刘倩，2011；方祥年等，2005；冷一欣等，2013；殷艳飞等，2011；关宇等，2007)。使用催化剂把生物质能源转化成 H_2 和 C1~C15 的烷烃。利用金属催化剂，在 152℃~267℃ 的情况下，可以使从生物质中提取出的含碳水化合物在水相中产出 H_2 和 C1~C6 的烷烃。

(4)半纤维素改性后做热塑性、抗水性材料。半纤维素的亲水性严重束缚着半纤维素基材料的发展，化学改性被认为是解决这一问题的一个很好办法，从而使半纤维素可以制备防水材料，通过脂肪酸氯化物的酯化作用来制备热塑性和疏水性材料就是一个很好的范例。

2)纤维素的高值化利用技术

造纸生物资源高效综合利用技术的核心是造纸，然而，纤维素作为地球上最丰富的可再生资源，具有价廉、可降解性和对生态环境不产生污染等优点，利用纤维素做原料进行功能材料的开发和应用得到了人们的普遍重视。另外，纤维素的获取途径与制浆造纸类似，从而为制浆造纸产业开阔了视野。

纤维素除应用于造纸外，通过溶解体系发生均相反应，转化合成各种高值化材料，如羧甲基纤维素、醋酸纤维素等高附加值产品；采用 N-甲基吗啉-N-氧化物(NMMO)溶解纤维素，以物理过程将天然植物纤维素溶解，形成了较清洁的NMMO纺丝工艺，生产出天丝(lyocell)等多种纤维(刘冰等，2011)，所制成的纤维素薄膜可被生物降解，解决了化学纤维难以自然降解的难题，可以解决目前塑料薄膜的白色污染问题。当前，天然纤维素利用技术的研发工作主要有合成NMMO的研究、NMMO纤维素溶液性质的研究、溶剂法纤维素纤维的结构性能与应用的研究、NMMO溶剂法生产纤维素纤维的工艺技术（包括循环回收技术）研究，该工艺是"绿色生产工艺"，具有可持续发展的战略意义。

当前最热门的纤维素应用研究莫过于纤维素制备乙醇技术的开发与应用，纤维素乙醇被称为"第二代生物燃料"，虽然这种技术更多的是以农业秸秆作为原料，但这一领域的研究方法、技术手段却是值得造纸工作者借鉴的，目前在国内外已有部分研究人员开始研究利用造纸厂废水处理污泥中的纤维制备乙醇。

近年来以超低酸的方法水解纤维素日益受到重视（刘培旺等，2009；潘春梅等，2011；王爱杰等，2010；张淑芳等，2008；张琦等，2015）。超低酸水解是稀酸水解的一种新型工艺，以浓度低于0.1%的酸为催化剂，在200℃以上、稀酸饱和蒸气压以上的压力条件下将纤维素水解成单糖和低聚糖。纤维素的水解产物主要包括两部分，即富含单糖和可溶性低聚糖的液体产物及未能反应的固体残渣。将产物和残渣进行定量和定性分析，进而探讨生物质超低酸水解反应途径，对反应机理的研究和确定后续产物的应用及该技术的进一步发展是非常必要的。

3）木素的高值化利用技术

木素是一种芳香族有机原料，具有无毒、价廉、易被生物分解的独特性质。分离出来的木素经提纯改性（钱坤和刘基宏，2002），除用做饲料、矿粉黏合剂、油田化学剂、沥青乳化剂、活性炭、水泥减水剂、金属钝化助剂、化学灌浆材料等已被采用的技术之外，还被用来发展黑液的气化技术。黑液（含木质素）的最新高值化利用技术是黑液的气化（曹焱鑫等，2014；王琼等，2012；王树荣等，2006）。黑液气化得到的合成气主要为 H_2、CO、CO_2 及其他气体的混合物，既可以用来生产清洁能源 H_2 或用于发电，也可用来生产甲醇等化学品。木素用途广泛，生产实践中可因地制宜，加强开发研究，综合利用木素纤维资源。

生物质转化伴生物是组分分离与转化过程中产生的一些难以分离或分离成本很高的产物，如制浆造纸生产组分分离过程中产生的废液，它们是分离高品位木质素组分后的残留物，表现为偏离平均分子量较大的那部分木质素。如果不对这些低品位的伴生物进行处理，不仅使大量的宝贵生物质资源被浪费，而且会造成严重的污染。因此，进行黑液中生物质的回收利用，无论对环境保护还是对资源的合理利用都大有益处。

造纸黑液中生物质的提取主要有两个方面，即变性半纤维素的回收利用和木素的回收利用。

黑液中变性半纤维素的回收利用纤维原料中的半纤维素在高温蒸煮碱液条件下，由于发生剥皮反应、氧化反应和碱性水解反应，一部分降解成为低聚糖或单糖。这些糖类在碱性溶液中会进一步分解为各种羟基酸，主要是糖精酸（saccharinic acid），有的还会进一步分解成乙酸、甲酸等，部分溶于蒸煮液中。

目前回收黑液中变性半纤维素的一个方法是将黑液浓缩至一定浓度（约35%）后，加入等体积的90%浓度的甲醇溶液，经过滤后得到半纤维素滤饼，再用50%浓度的甲醇溶液洗涤滤饼，经过滤、蒸发后即可得到粗制变性半纤维素。粗制变性半纤维素经过进一步提纯后，可用来做纸张表面施胶剂、浆料内部添加剂等。

黑液气化与传统的黑液碱回收处理方式相比，最大的优点是挖掘了黑液中有机物质的潜在价值，从而实现了资源的充分利用。目前黑液气化过程要解决的关键问题是，在商业化规模下回收制浆化学品必须显示出技术上的可靠性和效率上的优越性。由近两年美国和瑞典有关示范工厂的运行情况可以预见，不久的将来，这一技术就可以用于实际生产。关于将黑液气化后产生的合成气体转化为运输燃油，可以采用石油化工行业已经使用的有关技术，而且在过程中未能转化的气体不需要循环，可以作为燃料直接应用于林产品生物炼制工厂（Integrated Forest Products Biorefinery，IFBR)中的其他生产过程。据估计，在 IFBR 工厂中，黑液转化生产的液体燃料产值可以达到纸浆产值的 1/3。因此，黑液气化作为 IFBR 模式下生物质精炼的一个重要组成部分，很值得关注并加大对其研究以优化工艺。

3. 我国制浆造纸行业战略性新兴产业实例

1）车速 1 200～1 500 米/分钟的高速文化纸机的研制与开发

由河南江河纸业股份有限公司牵头，华南理工大学、杭州轻工设计院参与研制的车速 1 200～1 500 米/分钟的高速文化纸机已达到接近验收的关键阶段。其核心关键技术包括：①纸浆流送技术和白水稀释型水力式流浆箱技术；②夹网双面脱水成型技术；③宽压区压榨技术，其中靴形压榨是最佳的宽压区压榨形式；④快速干燥技术，包括纸幅的快速热传导技术、纸幅的热气流穿透技术；⑤高速造纸机的 QCS、DCS、MCS 等控制技术及运行状态监控技术。

2）高纯度生态纤维用溶解浆的研制的核心技术

高纯度生态纤维用溶解浆的研制的核心技术已在我国太阳纸业股份有限公司等企业研发成功。

溶解浆是一种高纯度的特种化学浆，原料主要是棉短绒、木材和竹子，棉纤维 α-纤维素高、木素含量很低，含有少量蜡质、脂肪及半纤维素，是生产溶解浆最好的原料。由于精棉可以直接用于纺织工业，生产溶解浆的棉原料主要是棉短绒，随着新的无籽棉花的培育和劳动成本的提高，棉短绒的价格越来越高，因而开始用木材来代替棉短绒。木材纤维素含量在 50% 左右，同样可以作为生产高纯度生态纤维用溶解浆的原料，高纯度生态纤维素产品广泛应用于纺织、食品、医药等相关行业，以填补国内高纯度生态纤维用溶解浆生产的空白。高纯度生态纤维用溶解浆的研制的核心技术是世界性热点课题，在世界上首创以木材等为原料，预水解硫酸盐制浆方法，采用独立连续水解、连续低固形物蒸煮、无氯和酶预处理的清洁漂白新工艺，以木材为原料生产国际一流品质的高端生态纤维用溶解浆。

高纯度生态纤维用溶解浆的研制项目的核心关键技术包括：①连续独立水解工艺和设备技术；②连续蒸煮法生产溶解浆的技术；③高纯度生态纤维用溶解浆清洁漂白技术。

目前太阳纸业股份有限公司已攻破了上述核心技术，开发出满足市场需求的高纯度生态纤维用溶解浆，年产量达到22万吨，产品供不应求，已形成一个新型的高附加值产业。

3）木片水解废液高值化利用技术

目前，木片水解废液高值化利用技术由太阳纸业股份有限公司牵头研制。

国内外溶解浆生产都采用木片间歇式水解法或有酸水解，木片水解废液与制浆黑液混合进入碱回收系统后被烧掉，半纤维素的热值仅仅是木质素的一半，浓缩燃烧时极易结垢，给生产带来困难，也造成资源和能源的浪费，因此木片水解废液的高值化利用技术成为世界性的热点课题。太阳纸业股份有限公司以开发的年产22万吨连蒸法溶解浆项目为依托，针对溶解浆生产中木片水解废液资源、能源浪费和环保压力现状，拟通过关键技术高效抽提木片水解液，并由水解液抽提出的半纤维素研发出木糖醇等高价值产品，由此可培育出新兴产业。

木片水解废液高值化利用技术项目的核心关键技术包括：①木片无酸水解工艺技术；②独立水解塔的研究与制造技术；③木片水解废液的连续高效抽提技术；④木片水解液生产木糖醇工艺技术。

第五章

各行业及流程制造业发展战略性新兴产业的目标

流程制造业战略性新兴产业的总体目标包括：①提出具有自主知识产权、对流程制造业有重大影响的共性-关键技术和装备体系，满足今后 5～10 年流程制造业绿色、低碳转型升级和产品高端化发展的需求；②在流程制造业的行业之间及与社会的生态链接、发展循环经济方面取得重要突破；③涌现出一批具有世界水平的创新团队，使流程制造业战略性新兴产业的综合实力显著增强。

一、钢铁

2015 年，高附加值钢材自给率提高到 80%；具备产品制造功能、能源转换功能及废弃物消纳和资源化功能三个功能，以及动态-有序、连续-紧凑运行特点的钢厂比例约 20%；重点企业的吨钢能耗和污染排放强度均比 2005 年降低 5%～8%；吨钢 CO_2 排放量比 2005 年降低 15%～20%；循环经济在企业层次得以完善，在与行业及社会间的生态链接方面得到突破。

2020 年，高附加值钢材自给率提高到 90%；具备产品制造功能、能源转换功能及废弃物消纳和资源化功能三个功能，以及动态-有序、连续-紧凑运行特点的钢厂比例约 30%；整个行业吨钢能耗比 2005 年降低 15%；整个行业的污染排放强度比 2005 年降低 10%；吨钢 CO_2 排放量比 2005 年降低 25%～30%；循环经济在行业和社会层面的生态链接得以大部分突破并推广。

二、有色

(1)有色金属行业创新能力大幅提升。行业内企业重大科技成果集成、转化能力大幅提高，掌握一批具有主导地位的关键核心技术，建成一批具有国际先进水平的有色金属行业创新平台，发明专利的质量、数量和技术标准水平大幅提升。有色金属行业在战略性新兴产业上的研发投入占销售收入的比重达到5％以上，一批关键核心技术达到国际先进水平。

（2）有色金属行业在国际上的分工地位稳步提高。涌现一批掌握核心关键技术、拥有自主品牌、开展高层次分工合作的国际化企业，具有自主知识产权的技术、产品和服务的国际市场份额大幅提高，在资源综合利用和新材料领域成为全球重要的研发制造基地。

（3）引领带动作用显著增强。有色金属行业战略性新兴产业规模年均增长率保持在20％以上，培育一批具有较强自主创新能力和技术引领作用的骨干企业，建成一批特色鲜明的产业链和产业集聚区。到2015年，战略性新兴产业增加值占有色金属行业总产值的比重达到10％左右。

（4）形成适合我国国情的有色金属行业节能减排技术体系，主要节能技术与装备、单位产出能耗指标、"三废"排放指标和资源综合利用指标达到国际先进水平。

（5）到2015年，建成我国重要资源循环利用技术体系，再制造产业初具规模，资源再生加工利用能力达每年2 500万吨，大宗固体废弃物综合利用能力达每年4亿吨。同样到2015年，我国的主要再生有色金属产量将达到1 200万吨，且再生铜、再生铝、再生铅占当年铜、铝、铅产量的比例分别达到40％、30％、40％左右。

（6）到2020年，力争使有色金属行业战略性新兴产业成为有色金属行业发展的重要推动力量，增加值占有色金属行业生产总值的比重达到20％，部分关键技术和设备跻身国际先进水平。形成有色金属再利用、资源化产业技术创新体系，形成一批具有核心竞争力的资源循环利用技术装备和产品制造企业，建成技术先进、覆盖城乡的资源回收和循环利用产业体系。

三、石　　化

（一）石化产业改造提升目标

1. 技术目标

到2015年，炼油技术重点发展多产交通运输燃料的劣质原油和重油加工技术、满足国Ⅴ油品标准的清洁燃料技术和替代燃料等技术，炼油技术保持世界先进水平；完善石油化工技术，提高百万吨级乙烯成套技术，开发高端石化产品技术，石油化工技术达到世界先进水平；信息化技术应用达到世界先进水平。2020 年炼油技术和石油化工主体技术达到世界一流水平。2030 年炼油技术和石油化工主体技术达到世界领先水平。

2. 节能降耗及环保目标

通过大力开发应用节能环保新技术，到 2015 年炼油装置综合能耗下降到 60 千克标准油/吨，轻油收率达到 75％以上，加工吨原油耗新鲜水下降到 0.5 吨以下、外排污水下降到 0.35 吨以下；乙烯装置燃动能耗下降到 600 千克标准油/吨，生产吨乙烯耗新鲜水下降到 3.5 吨以下；减少 SO_2 和 CO_2 排放量，满足国家排放要求。2020 年炼油装置综合能耗和乙烯装置燃动能耗达到世界一流水平。2030 年炼油装置综合能耗和乙烯装置燃动能耗达到世界先进水平。

(二)战略性新兴产业发展目标

1. 规模目标

到 2015 年，我国生物液体燃料产能达到 300 万吨/年；通过煤炭清洁化利用，MTO 产能达 256 万吨/年、煤制油达 300 万吨/年、煤制乙二醇达 300 万吨/年、煤制天然气达 70 亿立方米/年。战略性新兴产业形成健康发展、协调推进的基本格局，对石化产业转型升级的推动作用显著增强，总产值占石化产业总产值的比重达 8％左右。

到 2020 年，我国生物液体燃料产能达到 400 万吨/年；通过煤炭清洁化利用，MTO 产能达 800 万吨/年、煤制油达 1 300 万吨/年、煤制乙二醇达 600 万吨/年、煤制天然气达 810 亿立方米/年；功能性新材料、复合材料和生物基化工材料等化工新材料产量大幅度增长；新型煤化工、节能环保、生物化工、新材料产业成为提升石化产业竞争力的先导产业；形成一批具有国际影响力的大企业和一批创新活力旺盛的中小企业；建成一批产业链完善、创新能力强、特色鲜明的战略性新兴产业集聚区；战略性新兴产业总产值占石化产业总产值的比重达 15％左右。

到 2030 年，我国生物液体燃料产能达到 500 万吨/年；MTO 产能达到 1 000 万吨/年、煤制油达 1 500 万吨/年、煤制乙二醇达 750 万吨/年、煤制天然气达 900 亿立方米/年；功能性新材料、复合材料和生物基化工材料等化工新材料产量大幅度增长，基本满足国内市场需求；战略性新兴产业总产值占石化产业总产值的比重达 20％左右。

2. 技术目标

2015 年，石化领域战略性新兴产业技术达到世界先进水平；功能性新材料、复合材料和生物基化工制品等化工新材料技术部分实现产业化。

2020 年，创新能力大幅提升，掌握一批关键核心技术，部分领域达到世界领先水平。

2030 年，总体技术达到世界领先水平。

四、化　　工

(一)新型煤化工技术及产业发展目标

根据前文的分析，针对各条新型煤化工工艺路线设定其技术及产业的发展目标。图 5-1 表示了本课题推荐的作为面向"十三五"战略性新兴产业的煤基甲醇及下游化工产品(MTX)的技术路线图，图 5-2 为煤制乙二醇技术路线图。

1. 技术发展目标

根据各个煤化工战略性新兴产业的发展程度，设定它们的技术发展目标。

对于 MTO 工艺，中国科学院大连化学物理研究所的 DMTO 技术和中石化的 SMTO 技术已经有可以稳定生产的工业试点，在"十三五"期间应着力实现较大规模的工业推广。在技术上的重点研究方向为单位产品投资额的降低、分子筛催化剂的进一步成熟、产物中氧化物的脱除。

对于 MTP 工艺，目前国内的工艺试点均采用鲁奇公司的 MTP 技术。在"十三五"期间，应进一步加强清华大学和中国石化上海石化研究院的自主技术研发力度，争取早日实现工业化试点。技术上的重点研究方向为中试装置到工业试点的放大及催化剂对丙烯选择性的提高。

对于 MTA 工艺，目前清华大学和山西煤化所的 MTA 技术均处于世界领先水平，并且已经分别应用于已启动的大型项目中。在"十三五"期间，应该实现 MTA 技术工业化试点的稳定生产，为大规模推广做准备，同时在技术方向上加强对提高芳烃收率方法的研究。

对于煤制乙二醇工艺，日本宇部的气相草酸酯法技术是煤制乙二醇工艺中较为先进的。我国东华工程技术股份公司和福建物构所共同开发的煤制乙二醇工艺和设备是我国目前唯一一比较成型的工艺路线。在"十三五"期间，应该实现其工业化试点的稳定生产，为大规模推广做准备。其技术上的重点研究方向为催化剂改进和提高反应后的萃取精馏纯度。

对于煤制油工艺，目前山西煤化所的煤间接液化技术已经基本覆盖了国内的工业试点项目；煤炭科学研究总院的煤直接液化技术已经在内蒙古神华项目实现了长时间的生产；山西煤化所的 MTG 项目也已经有试点项目启动。在"十三五"期间，应该实现这些工业化试点的稳定生产，并评估它们的技术风险和收益情

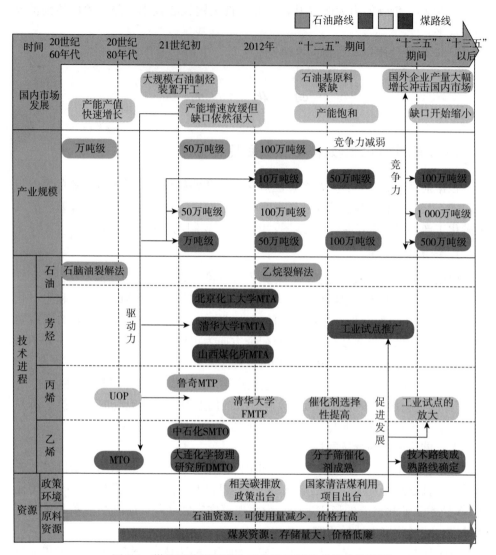

图 5-1 煤基甲醇及下游化工产品（MTX）的技术路线图

况，为今后可能的进一步推广做准备。

对于煤制天然气工艺，目前国内的大部分甲烷化技术都停留在中试阶段甚至是实验室研发阶段。国内的试点项目大多数采用国外工艺，技术转让费用较高。在"十三五"期间，应该重点针对某些国内的甲烷化路线实现技术突破，并启动工业试点项目建设，为今后可能的进一步推广做准备。

对于等离子体法制乙炔工艺，国内目前在技术方面还不够成熟，多年以来一直停留在中试阶段，而国外也没有先进的工业试点可以借鉴。在"十三五"期间，

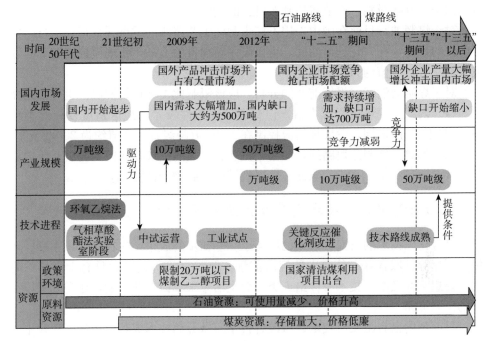

图 5-2　煤制乙二醇技术路线图

应重点针对装置放大过程中的问题进行技术突破，并启动小规模的工业试点，以满足精细化工项目对于乙炔产品的需求，为未来的推广做准备。需要重点解决的问题是反应器结焦和等离子体流的有效混合。

2. 产业发展目标

目前，乙烯和丙烯是我国紧缺的大宗化工产品，缺口达到数千万吨以上。国内 MTO 的工艺技术已经基本成熟，并建设了多个工业试点。对于乙烯来说，无论是石油路线，还是煤基路线，都可能受到中东地区以乙烷为原料的廉价乙烯的冲击，因此，应谨慎上马项目。到"十三五"末期，煤制乙烯发展目标为 500 万吨级别，产值达到 500 亿元以上。而对于煤制丙烯，到"十三五"末期，发展目标为 1 000 万吨级别，产值达到 1 000 亿元以上。

芳烃同样是我国缺口较大的重要化工产品。目前，已经有两个大型的 MTA 项目启动。在保证这两个项目稳定运行生产的基础上，可以继续在合适的地区发展 MTA 工业试点，到"十三五"末期，MTA 的规模将达到 100 万吨级别到 500 万吨级别之间，产值达到 200 亿元以上。

对于煤制乙二醇工艺，东华工程技术股份公司和福建物构所共同开发的工艺和设备是我国目前唯一比较成型的工艺路线，其盈利效果也较好，应该在现有项目稳定运行的基础上，推广上面其他项目，到"十三五"末期，煤制乙二醇的规模将达到 100 万吨级别，产值将达到 80 亿元以上。

对于煤制油，目前在国内采用不同煤制油工艺路线的试点项目正在运行。根据前文的分析，在"十三五"期间，应该限制新项目的上马，将规模控制在 500 万吨级别左右，产值约为 400 亿元。

对于煤制天然气，根据前文的分析，应该限制此类项目的发展。也可以选择在新疆、内蒙古等煤炭资源丰富，但交通运输条件较差的地区适度发展此类项目。到"十三五"末期，发展规模应控制在 1 000 万吨级别，产值约为 200 亿元。

对于等离子体制乙炔路线，如果中试装置放大的关键技术得到突破，应启动工业试点项目。到"十三五"末期，发展规模应达到 10 万吨级别。

(二)新型微化工技术发展及产业培育目标

对微化工技术的研究，人们已取得了一些初步的成果，它在航天、军事、环保、医疗等领域有着十分诱人的应用前景。但对它的研究毕竟只有十多年的时间，要想它像微电子技术一样给人类社会生活带来革命性的影响，还需要一段漫长的发展道路。

目前国内已有微反应技术、微混合技术、微分离技术成功应用于工业化中的案例。例如，清华大学发明的微结构萃取器已应用于湿法磷酸的工业装置，开发的膜分散微结构反应器已用于万吨级的纳米碳酸钙的工业装置；中国科学院大连化学物理研究所已研发 10 吨/小时级微混合系统工业应用示范装置等。另外，仍有一系列的微反应、微混合、微分离装置正在开发和应用过程中。相比国外的发展，我国微化工技术仍然存在一定的差距，亟待解决的问题如下：①国内对复杂体系的本征规律相比国外研究较少，缺乏完善的理论体系指导化工过程强化技术的开发；②针对我国资源和化工行业特点的原创性的工艺技术不足，缺乏对行业发展具有重要意义的创新技术和成果；③国内相关行业与化学、材料、机械、信息等学科的融合严重不足；④我国研究力量多集中在高校实验室和研究机构，相比国外，企业介入过少。

微化工技术能替代 50% 的化工强化过程，其主要集中在化工行业的几个重要分支，如医药中间体(产值约 2 400 亿元，2011 年数据)、农药中间体(产值约 230 亿元，2011 年数据)、燃料中间体(产值约 300 亿元，2011 年数据)、湿法磷酸(产值约 20 亿元，2011 年数据)等。在微化工技术替代过程中，利用微化工技术替代能显著降低成本、能耗，提高产品质量。根据现有研究和替代方向保守估计，微化工技术在增加行业效益方面能达到百亿元(占总产值的 0.2%～1.4%，中国化工行业实现产值 66 172 亿元)。并且随着技术的研发和进步，其能够强化的化工过程将逐年增加，带来更多的经济效益。由此来看，若再加上微化工技术在纳米材料、燃料电池等其他领域带来的经济增值效益，则微化工具有相当的发展潜力。此外，在环保、节能、安全方面，微化工技术也具有一定的竞争优势，因此，可以将微化工技术作为中国化工行业产业升级的重要战略技术。

如图 5-3 所示，在经济、政策和环保的驱动下，根据目前微化工技术的研究及应用现状，中国微化工战略新兴储备技术及产业有如下发展目标：①中国在未来 5～10 年要逐步实现微反应、微分离、微换热、微混合技术的成熟。②在近期要加强微催化剂制备技术、微细加工技术的研发，在远期实现微型化集成技术开发的成熟。③争取在 10 年内完成高效传热传质反应器模块的自主设计与开发，继而实现高效微设备的制造。④近期内率先推动微反应技术在精细加工和纳米材料领域中的应用，继续深入燃料电池系统的研究。⑤长远期在技术和产业不断的成熟过程中，基于微化工技术不断开发新的过程和拓宽应用领域，如微型核反应堆（高效传热、高效燃料后处理技术）、微型化学激光器、微推进器、高能炸药的安全生产，以及 CO_2 的捕集、催化及功能等高通量材料的制备。

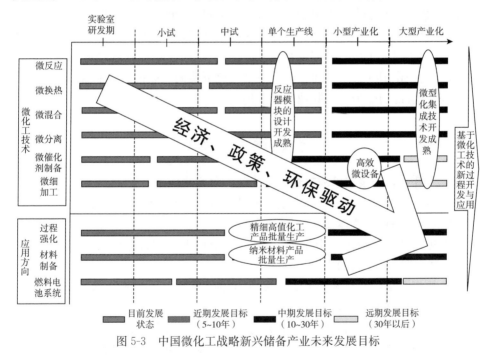

图 5-3　中国微化工战略新兴储备产业未来发展目标

五、建　材

2015 年建材行业的发展及产业经济目标如下：①单位工业增加值能耗降低20%；单位工业增加值 CO_2 排放量降低 18%。②水泥、玻璃、陶瓷等行业的能耗水平接近或达到世界先进水平。③NO_x 排放总量减少 10%，SO_2 排放总量减少8%；水泥窑 NO_x 减排技术普及率达到80%。④污染物排放接近或达到世界先进水平。综合利用废弃物总量增加20%，水泥窑协同处置生产线比例达到10%，先进企业燃料替代率达到30%，部分中等城市周边布局水泥协同处置生产线。⑤部分产业完成基础研究，进入示范、改善阶段。⑥部分颠覆性工艺技术产业化进程进入充分发展的阶段，上下游产业链初步形成，加速建材工业结构转型。

2020年建材行业的发展及产业培养目标如下：①战略性新兴工艺技术推广应用并逐渐普及，能源利用效率在2015年的基础上进一步提高，总体能耗达到世界先进水平；单位工业增加值能耗降低40%，单位工业增加值 CO_2 排放量降低30%，NO_x 排放总量减少30%，SO_2 排放总量减少20%。②水泥窑 NO_x 减排技术普及率达到100%，各种窑炉的余热、烟气都得到有效处理。③污染物排放达到世界先进水平。各种废弃物得到高效应用，水泥窑协同处置生产线比例达到15%～20%，燃料替代率达到20%，大部分中等城市周边布局水泥协同处置生产线，建材工业形成与社会和其他工业协同处理废弃物的良好局面。④颠覆性工艺技术产业规模年均增长率保持在10%以上，形成一批具有较强自主创新能力和技术引领作用的骨干企业，以及一批特色鲜明的产业链和产业集聚区。具有在全球配置资源的能力，国际地位显著提高。

六、造　　纸

到2015年，制浆造纸战略性新兴产业力争实现以下目标。

(1)自主创新能力明显提高，统筹科技资源，突破制约行业发展的重大共性-关键技术，提高行业整体技术装备水平。

(2)创新体系得到进一步完善，建设10家以上国家级企业技术中心，培育2～3个国家产业技术创新战略联盟。

(3)开发一批纸及纸板新产品，满足市场低定量、功能化、绿色环保需求，形成行业发展新的增长点。

(4)提升造纸装备研发能力，制浆造纸装备自主化比重由30%提高到50%。

(5)节能减排取得显著成效，实现"十二五"吨纸及纸板平均综合能耗(单位：吨标准煤)降低20%；吨纸浆平均综合能耗降低18%；吨纸浆、纸及纸板平均取水量(单位：立方米)降低18%；水污染COD排放总量降低10%～12%；氨氮排放总量降低10%。

(6)培养和造就一支科研、技能和经营管理结构合理协调发展的人才队伍，为实现造纸强国目标提供强大的智力库支撑。

第六章

实施战略性新兴产业的组织模式、
相应的措施和政策建议

（一）组织模式

1. 基本原则

在信息技术、节能环保技术和循环经济链接技术等的支持下，通过流程制造业的新技术推动新一轮技术进步战略，具体包含以下几方面。

（1）优化结构（技术结构、企业结构、产品结构等），淘汰落后。

（2）提高能源效率（包括二次能源与余热余能利用效率）。

（3）提高资源效率（包括各类废弃物的利用效率）。

（4）发挥信息技术在技术进步、企业改造、生产管理等转型升级过程中的推动、引领作用。

（5）建立区域的、相关行业的链接，建成循环经济示范区，由示范点至产业园区面上普及推广。

（6）要开发一批适合于不同行业的共性-关键技术（群）。

2. 组织模式

以大型流程制造业企业为主体，与科研院所和高等院校成立行业战略联盟，本着利益共赢、风险共担、优势互补的原则，以流程制造业行业发展需求和各方共同利益为基础，以提升流程制造业行业技术创新能力为目标，以具有法律约束力的契约为保障，以重大科技项目为依托，集中优势科技力量，构建科研、设计、工程、生产和市场紧密衔接的技术创新体系，使科技研究更贴近生产、贴近企业、贴近市场，使研究任务能获得更多的资金支持，使研究团队能融入流程制造业大循环，使科技与经济、科研与生产的结合更为紧密，使研究成果能更快实现产业化,转化为现实生产力,后续发展能力更强,人才培养更具优势。建立这种组织模式(图6-1),能发挥整体优势,更快更好地开发出共性-关键技术和战略性新兴产业技术,对流程制造业行业的引领作用和支撑能力更强,对建立以企业为主体、产学研紧密结合的国家技术创新体系有重要的作用。

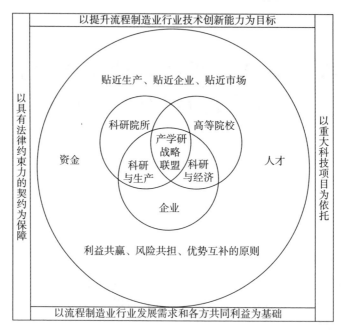

图 6-1　流程制造业战略性新兴产业技术创新体系建设的组织模式

(二)主要措施建议

(1)发挥政府及行业管理的引导作用,完善科技资源的合理配置机制,制订流程制造业战略性新兴产业培育和创新计划,加强顶层设计与科技战略布置;集中力量突破支撑流程制造业战略性新兴产业发展的共性-关键技术。

(2)加大财政税收政策支持;健全财税金融政策支持体系,加大扶持力度,引导和鼓励社会资金投入;设立战略性新兴产业发展专项资金,建立稳定的财政投入增长机制;制定完善促进战略性新兴产业发展的税收支持政策;进一步理顺资源型产品的价格体系。

(3)依托骨干企业,围绕关键核心技术的研发和系统集成,支持建设若干具有世界先进水平的工程化平台;发挥转制院所作用,完善科技资源的合理配置机制,推动行业共性-关键技术和战略性新兴产业技术的研发和产业化。

（4）加强创新性人才的培养；建立科研机构、高校和企业之间人才流动的机制。

（5）强化知识产权的管理，建立健全知识产权保护体系，切实保障科技人员的知识产权权益。

第七章

主要研究结论

本课题的主要研究结论包含以下几点。

(1)我国新型工业化及发达国家工业化后期的经验表明，流程制造业的发展会发生结构调整、产业升级，但不会被淘汰，仍然是国民经济特别是实体经济的基础。

(2)流程制造业的发展已受到资源、能源和环境的严重制约，不仅要适应生产结构调整和消费结构升级，更要面对能源、资源、生态、环境、市场竞争和加快信息化融合等方面新的挑战，为此，需加快用高新技术来改造和提升流程制造业的步伐。

(3)对流程制造业而言，在2020年前开发出完全颠覆性的全流程工艺技术的可能性不大，但某一局部(工序)的颠覆性的技术可能会有所突破，并对全流程产生影响。

(4)流程制造业能源消耗大、环境负荷重，因此，其必将是我国节能减排、环境保护、绿色发展的"主力军"，也是发展循环经济的"主战场"。

(5)行业的共性-关键技术及行业之间与社会的生态链接是未来流程制造业向绿色化、信息化和产品高端化方向发展的重要驱动。

参考文献

曹邦威．2011．关于生物质利用的最新进展．中国造纸，(7)：57-65．

曹焱鑫，邵丽杰，张欢，等．2014．超低酸预处理结合酶解提高玉米秸秆糖化效率．农业工程
　　学报，(6)：179-184．

陈彩凤，陈志刚，王安东．2010．活性炭微反应器法制备纳米氧化铝粉体．江苏大学学报（自
　　然科学版），31(2)：170-173．

陈光文，焦凤军，李恒强，等．2011．一种用于铵盐生产的微反应系统及应用．中
　　国，ZL200910013439．

陈光文，沈佳妮，焦凤军，等．2009．一种硝酸异辛酯的合成方法及微通道反应器．中
　　国，200710159036．

陈克复，胡楠．2005．我国制浆造纸设备制造业的进步及面临的任务．纸和造纸，(8)：5-10．

陈友德，刘继开．2012．中外水泥工业产量及技术数据比对分析．中国水泥，(8)：20-23．

方祥年，黄炜，夏黎明．2005．半纤维素水解液中抑制物对发酵生产木糖醇的影响．浙江大学
　　学报(工学版)，(4)：547-551．

龚大春，田毅红，李德莹，等．2007．纤维素乙醇的研究进展．化学与生物工程，(1)：4-6．

顾军，何光明．2012．欧洲水泥窑 NO_x 减排考察报告．中国水泥，(2)：23-25．

关宇，裴爱霞，郭烈锦．2007．超临界水中半纤维素气化制氢的影响因素分析．西安交通大学
　　学报，(1)：9-13．

郭春垒，于海斌，王银斌，等．2013．甲醇制汽油催化剂研究进展．化工进展，32(S1)：
　　115-121．

冷一欣，武玉真，黄春香，等．2013．利用农林废弃物杉木屑制备糠醛的工艺．江苏农业科学，
　　(7)：261-263．

李学强，郑化安，张生军，等．2014．国内煤制乙二醇现状及发展建议．洁净煤技术，20(6)：
　　92-96．

李忠正，乔维川．2003．工业木素资源利用的现状与发展．中国造纸，(5)：49-53．

刘冰，王爱杰，韩梅．2011．纤维素产氢菌的分离及不同秸秆处理方法的研究．中国农学通
　　报，(3)：215-220．

刘培旺，袁月祥，闫志英，等．2009．秸秆的不同预处理方法对发酵产氢的影响．应用与环境
　　生物学报，(1)：125-129．

刘倩．2011．美国纤维素乙醇转化技术的现状及发展．国际造纸，(6)：32-39．

梅长松，高秀娟，陈爱平，等．2012．液化石油气在 MTP 反应中的作用．工业催化，20(7)：
　　29-32．

农光再，牟晋建，张鑫磊，等．2010．黑液气化气脱硫的主要技术参考和设计方案．中华纸业，
　　(20)：16-20．

潘春梅，杏艳，樊耀亭．2011．稀酸水解玉米秸秆两步发酵联产纤维素乙醇和氢气．食品与发
　　酵工业，(3)：65-69．

钱坤，刘基宏．2002．绿色纺织品的开发方向．江南大学学报（自然科学版），1(3)：301-303.

曲音波．2007．纤维素乙醇产业化．化学进展，(Z2)：1098-1108.

施璐，王玉军，骆广生．2010．膜分散微反应器制备纳米 ZnO 颗粒．过程工程学报，(10)：1-6.

王爱杰，曹广丽，徐诚蛟，等．2010．木质纤维生物转化产氢技术现状与发展趋势．生物工程学报，(7)：931-941.

王琼，亓伟，余强，等．2012．超低浓度马来酸水解玉米芯纤维素．农业工程学报，(7)：221-227.

王树荣，庄新姝，骆仲泱，等．2006．木质纤维素类生物质超低酸水解试验及产物分析研究．工程热物理学报，(5)：741-744.

王双飞，农光再．2008．黑液气化研究进展及其工业化应用展望．中华纸业，(21)：48-52.

王志伟．2011．百年拉法基引领全球水泥业技术创新．中国水泥，(80)：45-46.

卫晓林，李洪才．2013．黑液气化生产氢气的能源转化性能．国际造纸，(2)：4-11.

谢来苏，詹怀宇．2001．制浆造纸原理与工程．北京：中国轻工业出版社．

谢子军，张同旺，侯拴弟．2010．甲醇制烯烃反应机理研究进展．化学工业与工程，27(5)：443-449.

杨丰科，姜晶晶．2011．黑液气化技术在制浆造纸中的应用．中国造纸，(6)：69-71.

姚燕．2012．加快推动特种水泥发展步伐　促进水泥工业结构调整　满足国家工程建设需求．中国建材，(7)：40-42.

姚燕，潘东旭，颜碧兰，等．2010．建材工业节能减排技术指南．北京：化学工业出版社．

殷艳飞，房桂干，邓拥军，等．2011．两步法稀酸水解竹黄(慈竹)生产糠醛的研究．林产化学与工业，(6)：95-99.

袁洪友，阴秀丽，李志文，等．2009．黑液气化技术发展历程及趋势．中国造纸学报，(4)：109-114.

张海峰，侯明，洪有陆，等．2003．千瓦级质子交换膜燃料电池．电源技术，27(4)：348-350.

张琦，马隆龙，张兴华．2015．生物质转化为高品位烃类燃料研究进展．农业机械学报，(1)：170-179.

张淑芳，潘春梅，樊耀亭，等．2008．玉米芯发酵法生物制氢．生物工程学报，(6)：1085-1090.

张颂红，贠军贤，沈绍传，等．2011．同心管微通道内固体脂质纳米粒的制备与传质．浙江大学学报(工学版)，45(3)：544-550.

赵华，刘洪杰，朱建伟，等．2008．微反应器制备纳米硫酸钡研究．无机盐工业，40(1)：29-31.

钟秦．2000．选择性非催化还原法脱除 NO_x 的实验研究．南京理工大学学报，24(1)：68-71.

庄新姝，王树荣，骆仲泱，等．2006．纤维素低浓度酸水解试验及产物分析研究．太阳能学报，(5)：519-524.

庄新姝，王树荣，袁振宏，等．2007．纤维素超低酸水解产物的分析．农业工程学报，(2)：177-182.

邹琥，吴巍，蒽雷，等．2013．甲醇制芳烃研究进展．石油学报，29(3)：540-547.